erausgegeben von

Antje Watermann

Rüdiger Busche

LEMPERTZ

IMPRESSUM

Math. Lempertz GmbH
Hauptstraße 354
53639 Königswinter
Tel.: 02223 / 90 00 36
Fax: 02223 / 90 00 38
info@edition-lempertz.de
www.edition-lempertz.de

www.facebook.com/MIXtippRezepte

Titelbild: Fotolia, Patrick Sun

Lektorat: Christina Meuser, Edition Lempertz

Layout/Satz: Ralph Handmann

Gesamtherstellung: Print Consult GmbH, München
Printed and bound in Hungary

ISBN: 978-3-96058-108-6

Fotos:
© Fotolia: fotocreato, romablack, marysckin, ricka_kinamoto, sharafmaksumov, Regan Baroni, juefraphoto, Kitty, Szakaly, Martin Rettenberger, emmi, dusk, rainbow33, lavizzara, pavel siamionov, littlehandstocks, leonikonst, Jana Behr, Heike Rau, Siegi, karadawn, Halfpoint, kolinko_tanya, muro, pressmaster, Alinsa, Rawpixel.com, Maria Sbytova, ismotionprem, Joshua Resnick, photo 5000, chrisberic, Petr Bonek, zwiebackesser, ulianna19970, rastlily, garry_images

© Rüdiger Busche

© Tita Busche

© Patrick Sun

Dieses Buch widme ich „Onkel" Björn, der uns viel zu früh verlassen hat!
Ein großer Dank geht an meine kleine Familie mit Tita und Emil, die mir immer mit Rat und Tat und Kritik zur Seite standen. Mein Dank gilt auch Sandra mit Henry & Max fürs ständige Probieren meiner Kreationen sowie Anna für die erste Inspiration.

INHALT

HAUPTGERICHTE

SÜSSES & GETRÄNKE

BACKWAREN

Liebe Thermomixfreunde,

es kommt uns vor, als hätte Rüdiger Busche erst gestern mit uns seine besten Low Carb-Rezepte veröffentlicht. Tatsächlich war es im Sommer 2016, als der Low Carb-Pionier dem Team mixtipp und seinen Lesern die kohlenhydratarme Ernährung näherbrachte und uns schon damals zeigte, wie positiv die Verwendung von frischen Zutaten sowie ein genauer Blick auf deren Nährwerte sich auf unsere Gesundheit auswirken.

Nicht nur Herr Busche, auch wir finden: Das neue Trendthema „Clean Eating", die rundum bewusste Ernährungsweise mit hochwertigen, „cleanen" Lebensmitteln, ist da nur die logische Weiterentwicklung. Weg von industriell gefertigten Lebensmitteln, hin zu saisonalen und regionalen Zutaten, setzt der Ernährungsexperte in diesem Buch auf naturbelassene Rezepte, die sich ganz einfach und unkompliziert in euren Alltag integrieren lassen.

Diät und Verzicht waren gestern, bei Clean Eating geht es darum, den kulinarischen Alltag nach eigenem Ermessen so natürlich und dabei so genussvoll wie möglich zu gestalten.
Köstlichkeiten wie das Blumenkohl-Taboulé mit erfrischender Minze, der Belugalinsensalat mit Aprikosen oder der Quarkmandelauflauf mit Goji-Beeren werden dir zeigen, was für Delikatessen in der Clean Eating-Philosophie stecken.

Nicht nur eure Gesundheit, auch die Umwelt wird es euch danken!

Antje Watermann

Herausgeberin, Edition Lempertz

EINLEITUNG

„Clean Eating" – ein neuer Trend? Nicht wirklich. Vielmehr ist dies der aktuelle Überbegriff für den bewussten Umgang und die bewusste Zubereitung von Lebensmitteln. Schließlich erkannte die Ordensschwester Hildegard von Bingen schon vor über 800 Jahren die gesundheitsfördernde Wirkung von verschiedenen Lebensmitteln und riet zum Beispiel dazu, eher Dinkel als Weizen zu verwenden.

Durch Fertiggerichte, Gewürzmischungen, Fertigsaucen oder schon zubereitete Obst- und Gemüsesorten führen wir uns immer mehr Chemie, Geschmacksverstärker und diverse Zuckersorten zu, die für eine gesunde Ernährung völlig überflüssig sind. Kochen nach dem Clean Eating-Prinzip eröffnet das Bewusstsein für Lebensmittel, die lang in Vergessenheit geraten waren, stets unter der Prämisse: „saisonal, regional, unverarbeitet, frisch, ohne Zusatzstoffe, weniger Salz, keine Süßstoffe, kaum Zucker".
Dabei ist Clean Eating kein Dogma und auch keine genaue Gebrauchsanweisung, was, wann und wie zu essen ist. Clean Eating ist vielmehr eine Philosophie, bei der alles erlaubt ist, der Fokus jedoch auf Gemüse, Obst und Getreide liegt. Fleisch & Fisch beziehungsweise tierische Produkte können auch genossen werden, sollten aber nicht mehr der Hauptbestandteil deiner Ernährung sein.
Der bewusste Einkauf von Lebensmitteln ist dabei der erste Schritt zur „cleanen" Ernährung. Halte dich an Bio-Produkte im Handel oder kaufe in Zukunft öfter auf dem Wochenmarkt ein. Dort bekommst du jahreszeitgerecht immer die frischesten Produkte in breiter Auswahl und kannst dich so nach Lust & Laune inspirieren lassen.

Ich möchte die Industrie nicht grundsätzlich verteufeln und propagiere deshalb auch eher eine „softe" Version von Clean Eating. Die Zeit, die man sich für die Ernährung nimmt, ist bei fast allen von uns beschränkt. Damit meine ich, dass der stressige Alltag es uns nicht immer erlaubt, frische Brühe zu kochen, Gemüse selbst anzubauen und zu ernten oder Brot zu backen. Deshalb ist beim Einkauf der Blick auf die Zutaten und die Herkunft des Produkts sehr wichtig. Ist ein Dinkelbrot auch wirklich aus Dinkel und nicht nur ein Weizenmischbrot mit ein paar Dinkelkörnern? Ist in der Packung von gefrorenem Rosenkohl wirklich ausschließlich Rosenkohl? Ist das Vollkornmehl pur und keine Backmischung? Es gibt im Handel tolle Produkte, die zu Clean Eating wunderbar passen, sie dürfen aber – wie gesagt – nur pur eingefroren, in die Dose oder das Glas gefüllt oder eingeschweißt worden sein. Ich gehe auf „cleane" Produkte später im Buch noch mehr ein.
Meine Definition von „softem" Clean Eating enthält auch ein paar Zugeständnisse. Im Restaurant oder in der Kantine solltest du zwar möglichst paniertes Fleisch oder Fisch meiden, Vollkornnudeln bestellen und statt fertigem Dressing Essig & Öl zum Salat nutzen. Doch wenn du bei Freunden, zu einem Geschäftstermin oder bei Oma zum Essen eingeladen bist, dann iss und genieße ruhig guten Gewissens, was auf den Tisch kommt. Ein kurzer Ausflug zurück zur „uncleanen" Ernährung ist wirklich kein Problem. Wenn du einfach grundsätzlich zukünftig primär gesunde unverarbeitete Lebensmittel verwendest, diese vielfältig kombinierst, um die

Zufuhr von diversen Nährstoffen, Fetten, Vitaminen und Mineralien zu gewährleisten, wirst du in jedem Fall merken, dass du dich immer wohler fühlst.

Interessanterweise nehmen viele sogenannte „Clean Eater" anfänglich ab. Dies liegt an der Reduktion von Zucker und tierischen Fetten sowie daran, dass Vollkornprodukte bessere Kohlenhydrate haben, mit denen dein Körper mehr Arbeit hat, Nährstoffe daraus zu gewinnen. Der Insulinspiegel bleibt in der Balance – du hast weniger Hunger, isst somit weniger und die Fettpölsterchen werden schmelzen.

Ich selbst zähle mich zu den Pionieren des Low Carb-Kochens in Deutschland und beschäftige mich seit mehr als 16 Jahren mit Lebensmitteln und deren Inhaltsstoffen. Auch bei der Zubereitung und Entwicklung von Low Carb-Rezepten gehören frische Zutaten, der Verzicht von Fertiggerichten und die Reduzierung von Zucker essentiell dazu; zudem werden auch beim Low Carb-Kochen die einzelnen Zutaten mit ihren Nährwerten und Wirkungen auf unseren Organismus genau berücksichtigt. Nachdem ich nachhaltig mehr als 40 kg abgenommen hatte, mit Low Carb mein Ziel also erreicht war, stellt Clean Eating nun für mich die logische und sinnvolle Weiterentwicklung dar.

DIE WICHTIGSTEN REGELN

Hier möchte ich dir in kurzen Schlagworten die wichtigsten Regeln zur cleanen Ernährung mitgeben. Später im Buch gehe ich detaillierter auf die „No-Gos" und „Gos" ein und beschreibe Alternativen.

- Kaufe primär frische, unverarbeitete Lebensmittel. Am besten in Bio-Qualität und auf dem Wochenmarkt.
- Halte dich an saisonale und regionale Produkte, da diese immer frischer sind und die Ökobilanz viel besser ist als bei weitgereistem Obst und Gemüse.
- Koche immer frisch und meide Fertiggerichte, fertige Gewürzmischungen, Fix-Produkte und alle Light-Produkte (auch bei Käse und Milch).
- Habe immer einen Blick auf die Zutatenliste der Lebensmittel, die du kaufst.
- Frühstück ist die wichtigste Mahlzeit des Tages. Nachts schöpft dein Körper aus deinen Energiereserven, die morgens meist aufgebraucht sind. Eine Kombination aus guten Kohlenhydraten (z.B. Vollkorncerealien) mit guten Fetten (z.B. ungesüßtem Sojajoghurt) oder ein Smoothie bringt deinen Körper samt Gehirn in Schwung und verhindert Heißhunger, der meist zu Ungesundem verleitet.
- Genehmige dir bis zu 5 Mahlzeiten am Tag. Auch dies verhindert Heißhungerattacken, die leider oft unser Gehirn ausschalten und zum Schokoriegel greifen lassen. Habe immer ein paar Nüsse oder Trockenobst zur Hand. Beides sättigt und befriedigt ungemein schnell.
- Wenn du mit 3 Mahlzeiten satt und vor allem zufrieden bist, reichen natürlich auch diese 3. Höre einfach auf deinen Körper!
- Trinke viel! Am besten Wasser oder Tee, möglichst ungesüßt oder mit ein wenig Honig verfeinert. Soll es etwas mit mehr Geschmack sein, dann kaufe Direktsaft oder presse dir Säfte frisch und trinke diese als sehr dünne Schorlen. Unserem Gaumen reicht oft ein Hauch einer beliebten Geschmacksrichtung.
- Reduziere Süßes stark und greife bei Kristallzucker auf Alternativen zurück. Meide komplett jegliche Art von künstlichen Süßstoffen.
- Nutze gesunde Pflanzenfette und verwende Öle mit ungesättigten Fettsäuren anstatt gesättigten (die zum Beispiel in Sahne oder süßen Backwaren zu finden sind).
- Reduziere Kochsalz. Übermäßiger Konsum belastet die Nieren stark und führt zu Wassereinlagerungen. Greife bei Salz auf natürliche Salze wie Totes Meersalz, Fleur de Sel oder Meersalz zurück, da diese Sorten meist keine Rieselhilfen beinhalten.
- Dein Alkoholkonsum sollte in Maßen stattfinden. Ab und zu ein Glas Wein, Bier oder Sekt ist kein Problem, aber vermeide jede Regelmäßigkeit.

WELCHE LEBENSMITTEL SIND CLEAN?

OBST & GEMÜSE

Obst und Gemüse versorgen dich mit nahezu allen Vitaminen und vielen Nährstoffen und sind ein essentieller Teil deiner cleanen Ernährung. Egal ob frisch, gedünstet, gekocht oder als Smoothie: Obst und Gemüse sollten immer ein wichtiger Teil deines Speiseplans sein.
Gehe neugierig und mit offenen Augen über den Wochenmarkt oder durch die Gemüseabteilung und lass dich von der Vielfalt, die Mutter Natur bietet, inspirieren. Es gibt jahreszeitenbedingt so viel Spannendes zu entdecken: von Bärlauch und lila Möhren im Frühjahr bis zum Kürbis und einer Vielzahl von Pilzen im Herbst.

Achte dabei auf saisonale Produkte. Frische Erdbeeren, die du im Frühjahr kaufst, sind „clean"; im Winter hingegen werden Erdbeeren unter anderem aus Südafrika importiert. Diese solltest du nicht unbedingt in deine Ernährung aufnehmen.
Im Saisonkalender habe ich dir zusammengestellt, welche klassischen Obst- und Gemüsesorten zu welcher Jahreszeit bei uns geerntet werden und somit am frischesten auf den Tisch kommen. Es gibt jedoch auch viele gut lagerfähige Sorten wie Kartoffeln, Zwiebeln, Karotten, Kürbis oder Weiß- bzw. Rotkohl, die allesamt fast den ganzen Winter über aus regionalem Anbau zu kaufen sind.
„Regional" ist dabei – finde ich – ein etwas dehnbarer Begriff. Natürlich ist es theoretisch am besten, die Salatgurke vom Bio-Bauern in der direkten Nachbarschaft zu erwerben, jedoch ist die im April in Hamburg gekaufte Salatgurke aus Baden-Württemberg (dort ist es schon früher im Jahr wärmer) definitiv regionaler als die aus Spanien.

Gefrorene Obst- & Gemüsesorten sind auch eine wunderbare Alternative für Jahreszeiten, in denen der Garten nicht so viel hergibt. Pure Sorten werden gleich nach der Ernte eingefroren und enthalten somit nahezu die gleiche Anzahl von Vitaminen und Nährstoffen wie frische Sorten. Achte beim Kauf jedoch sehr auf die Zutaten. Im gefrorenen Blattspinat darf nur Spinat und selbstverständlich kein „Blubb" sein. Genauso bei Beerenobst: Nur das Obst, kein Zucker oder Aromen dürfen hier vorkommen.
Bei Konserven rate ich zu noch genauerem Studium des Etiketts: Es gibt tolle Sorten, in denen Gemüse oder Hülsenfrüchte nur mit Hitze und teilweise etwas Salz oder Essig haltbar gemacht wurden. Diese Sorten passen gut zu Clean Eating. Ich möchte hier als Beispiel Schwarzwurzeln, Kidneybohnen, Kichererbsen oder Mais nennen. Ein tolles pures Produkt ist auch gekochte Rote Bete, die es eingeschweißt in der Gemüseabteilung gibt. Und das Paradeexemplar von „guten" Konserven sind Dosentomaten. Sie werden sonnenreif mit etwas Wasser quasi eingeweckt und haben teilweise mehr Aroma als frische, die zu wenig Sonne abbekommen haben.

Und zu guter Letzt möchte ich noch Trockenobst nicht unerwähnt lassen: Es wird in der Sonne (beispielsweise Rosinen) oder sehr langsam in Dörrkammern getrocknet, ist sehr lange haltbar, vitamin- und mineralstoffreich und eine schmackhafte Alternative zu Süßigkeiten. Achte beim Kauf hier auf ungeschwefelte Sorten.

HÜLSENFRÜCHTE

Bohnen, Erbsen, Linsen und Kichererbsen sind die eiweißreichsten pflanzlichen Lebensmittel mit vielen wichtigen Vitaminen, Mineralstoffen und verdauungsfördernden Ballaststoffen. Für manche von uns etwas zu verdauungsfördernd, weshalb bei Gerichten mit Hülsenfrüchten immer mit Kümmel, Kreuzkümmel oder Koriander gewürzt werden sollte, um Blähungen zu vermeiden. Auch Mehle aus Hülsenfrüchten eignen sich hervorragend zu einer cleanen Ernährung und sind vielfältig nutzbar. Aus Kichererbsenmehl kann man zum Beispiel auch sehr kohlenhydratarme Gerichte wie Pizzateig, Spätzle, Pfannkuchen oder Falafel zaubern.
Bei getrockneten Hülsenfrüchten ist jedoch die Planung, wann welches Gericht gekocht wird, wichtig, da diese oft eine Quellzeit von vielen Stunden haben. Füge beim Kochen aller Hülsenfrüchte in Wasser kein Salz hinzu, da dies die Garzeit unnötig verlängert. Achte beim Kauf darauf, dass es unverarbeitete, ungeschälte Produkte sind.
Rote Linsen bilden eine Ausnahme. Sie sind geschält und somit nicht clean, da wichtige Nährstoffe und Ballaststoffe, die sich in der Schale befinden, fehlen.

GETREIDE

Getreide oder sogenannte Pseudogetreide sind wichtiger Bestandteil einer cleanen Ernährung. Jedoch kommt es hier sehr auf die Sorte an.
Weizen und Weizenprodukte haben in den letzten Jahren einen sehr schlechten Ruf bekommen. Oft liegt dabei aber ein falscher Gedanke zugrunde, der die Glutenunverträglichkeit in den Vordergrund stellt, die aber nur bei ungefähr 3 % der Menschen auftritt. Die Schwemme von glutenfreien Lebensmitteln ist somit nur eine Marketing-Idee, die uns suggeriert, dass wir gesünder essen, wenn wir irgendetwas weg lassen.
Der wahre Nachteil von Weizen liegt hingegen in der Aufbereitung: Der Weizen wird ohne Keim und Schale zu Mehl verarbeitet, sodass fast nur noch Stärke beziehungsweise Kohlenhydrate übrig sind, die unseren Körper zwar sehr schnell mit Energie versorgen, dabei aber einen schlechten Einfluss auf unseren Insulinspiegel haben. Der Insulinspiegel regelt unter anderem auch unser Hungergefühl. Isst du ein Weizenmehlbrötchen mit Schokocreme, wirst du zwar für kurze Zeit gesättigt sein, da der Insulinspiegel in die Höhe rast, er fällt jedoch genauso schnell wieder ab. Die Nährstoffe werden nicht nach und nach, sondern auf einmal in deinen Körper abgegeben und du bekommst wieder Hunger oder, noch schlimmer, Heißhunger.
Isst du hingegen ein Vollkornbrot mit einer Scheibe Käse, hat deine Verdauung „richtig Arbeit", um Nährstoffe aus der Nahrung zu filtern. Die Vielzahl an Ballaststoffen hält das Hungergefühl dann im Zaum.
Weizen ist weitverbreitet: Auch Couscous und Graupen werden aus Weizen hergestellt und sind bis auf ausgewiesene Vollkorn-Sorten nicht clean.

„Neue" (eigentlich sehr alte) Getreidesorten wie Dinkel, Emmer, Kamut, Hafer etc. hingegen stammen aus einer Ära, in der die Menschheit begann, Ackerbau zu betreiben. Lange Zeit verschwunden und vergessen, tauchen sie nun verstärkt wieder auf, wohl auch, weil viele Menschen Alternativen zur einseitigen Weizenernährung suchen. Diese Sorten haben meist weniger Kohlenhydrate, aber mehr Spurenelemente, Ballast- und Mineralstoffe als Weizen und werden in der Regel zu Vollkornmehl oder -produkten verarbeitet.

Merke dir also fürs Clean Eating: Meide in Zukunft klassische Nudeln, Brötchen und Backwaren und erkundige dich bei deinem Bäcker, ob das Dinkelbrötchen auch wirklich Dinkel enthält und nicht nur ein Blender ist. Oder, was natürlich noch viel besser ist: Backe selbst! Aus den oben genannten „alten Getreidesorten" kannst du nicht nur Brot und Brötchen backen, sondern sie auch eingeweicht oder gekocht für Salate, Eintöpfe oder Risotto nutzen.

Chia, Quinoa, Amaranth und auch Buchweizen sind kein wirkliches Getreide. Es sind Körnerfrüchte, die oft einen hohen Anteil an Eiweiß, Stärke und Mineralstoffen haben, aber kein Gluten. Sie sind deshalb zum Backen nicht sehr geeignet, da Gluten dem Teig Halt und Flexibilität verleiht, aber als Beilage, im Salat oder als Zutat im Rezept stellen sie eine sehr wohlschmeckende und vor allem gesunde Alternative zu Weizen dar.

Im Zusammenhang mit Getreide und Backen möchte ich noch ein paar letzte Anmerkungen zu Backpulver und Stärke loswerden:

- Klassisches Backpulver ist eine Mischung aus Natron, Phosphat (Säure) und Stärke und somit nicht wirklich clean.
- Eine tolle Alternative ist Weinsteinbackpulver, welches als Triebmittel nur durch natürliche Weinsteinsäure wirkt.
- Nutze aber bei Stärke am besten Maisstärke, die es auch als Bio-Produkt im Handel zu kaufen gibt.

NÜSSE, KERNE, SAMEN & SPROSSEN

Walnuss, Haselnuss, Paranuss und Mandeln oder nussähnliche Früchte wie Erdnüsse, Pistazien und Cashews: Sie alle passen optimal zu deinem cleanen Speiseplan und sind wunderbares Brainfood und Energielieferant für zwischendurch.

Nüsse enthalten 30–50 % Fett, welches sich aus vielen mehrfach ungesättigten Fettsäuren zusammensetzt. Sie sind besonders gesund und können den Cholesterinspiegel und Blutzucker im Zaum halten.

Auch Samen wie Kürbis- oder Sonnenblumenkerne, Leinsaat oder Mohn bereichern deinen Speiseplan, ob im Salat oder Müsli oder als Zutat im selbstgebackenem Brot und Brötchen.

Nüsse, Kerne und Samen sollten daher von nun an zu deinen täglichen Lebensmitteln gehören.

Sprossen, also die Keimlinge aus vielen Samen, sind das i-Tüpfelchen auf deinen Salaten oder Sandwiches. Du kannst sie zu Hause auf der Fensterbank ziehen. Gerade im Winter sind sie ein wunderbarer Lieferant von Vitaminen, Mineralstoffen, Eisen, Kalzium, Zink und vielem mehr.

Die Klassiker dabei sind Kresse-, Mungobohnen- oder Alfalfasprossen, doch lassen sich Sprossen auch aus Linsen, Radieschen- oder Rettichsamen oder sogar aus Sonnenblumenkernen ziehen.

FLEISCH, FISCH, EIER

Tierische Produkte wie Fleisch, Fisch und Eier spielen bei Clean Eating nur eine Nebenrolle. Zwei Mahlzeiten mit Fleisch pro Woche sollten daher ausreichen.

Allerdings ist Fleisch auch ein wichtiger Lieferant von gesunden Nährstoffen. Rindfleisch zum Beispiel enthält neben wenig Fett wichtige Aminosäuren, Mineralstoffe und Eisen, ja sogar Vitamin B, A und D. Rind- und auch Geflügelfleisch haben einen hohen Eiweißanteil, der für den menschlichen Körper eine „hohe biologische Wertigkeit" hat, das heißt, der Körper kann das Eiweiß gut verwerten. Gerade bei der Entwicklung des Gehirns von Kleinkindern sind diese Eiweiße förderlich, wie diverse Studien inzwischen bewiesen haben.

Dein Fleisch sollte aber vom Metzger deines Vertrauens oder vom Bio-Bauern stammen.

Fische liefern neben Eiweißen wichtige Omega-3-Fettsäuren, die das Risiko für Herz-Kreislauf-Erkrankungen senken. Kaufe Fischsorten vorzugsweise aus Freifängen und umweltfreundlichem Fang, um die Bestände zu schonen. Diese ernähren sich von Plankton und Algen, die den Fischen und dann uns wichtige Fettsäuren liefern und nicht, wie Zuchtfische oft, mit Fischmehl und Fleischabfällen gefüttert werden. Auch Krustentiere, Calmare und Muscheln sollten auf deinem cleanen Speiseplan nicht fehlen.

Auf Eier zum Backen oder das tägliche Bio-Frühstücksei musst du nicht verzichten. Es liefert neben Mineralstoffen und Vitaminen auch reichlich gutes Eiweiß, welches vom Körper komplett verwertet werden kann (nebenbei bemerkt: das Eigelb enthält ca. 6 % mehr Eiweiß als das Eiklar, welches wir als „Eiweiß" bezeichnen).

MILCHPRODUKTE & PFLANZENDRINKS

An Milch und Milchprodukten scheiden sich die Geister ein wenig. Im Prinzip wäre nur Rohmilch, die quasi direkt von der Kuh ins Glas kommt, wirklich clean. Diese Milch gibt es jedoch nur beim Bauern, der gerade bei Städtern nicht wirklich in Reichweite liegt. Alle anderen Milchsorten sind pasteurisiert und somit behandelt.

Meine persönliche cleane Philosophie erlaubt jedoch den Verzehr der Bio-Milch mit vollem Fettgehalt und somit auch den von Käsesorten (Rohmilchkäse darf in der EU zum Leidwesen vieler Franzosen ohnehin nicht mehr in den Handel gelangen). Milch ist ein tolles und wertvolles Naturprodukt mit viel wertvollem Kalzium für unseren Knochenaufbau, sodass auf sie nicht völlig verzichtet werden sollte. Achte aber beim Kauf darauf, wo die Milch herkommt und vor allem auf den vollen Fettgehalt.

Quark, Schmand, Crème Fraîche und Joghurt sind auch erlaubt, aber dein Erdbeerjoghurt sollte in Zukunft ein purer Joghurt mit frischen Erdbeeren sein und kein Industrieprodukt mit viel Zucker, Rote Bete-Saft oder, noch schlimmer, mit Farbstoffen und ein paar „Erdbeerstückchen", die aus Cranberrys hergestellt wurden.

Pure Butter ist ein natürliches Produkt und so vom Gesetzgeber ohne jegliche Zusätze auch vorgeschrieben (bis auf Sorten mit Salz, die ich vermeiden würde, genau wie Butteraufstriche). In Maßen ist Butter zum Backen und als Aufstrich ein tolles Produkt. Es gibt aber auch hier eine Auswahl an pflanzlichen Möglichkeiten, wie zum Beispiel Alsan Margarine (siehe Glossar).

Diverse Pflanzendrinksorten sind auch eine wunderbare Alternative, um den Verzehr tierischer Produkte zu reduzieren. Der Handel bietet vielfältige Produkte von Mandel-, Reis-, Hafer-, Nussdrink bis Sojadrink an. Achte hier beim Kauf jedoch auf Bio-Qualität, gerade beim Sojadrink, und darauf, dass die diversen Sorten „Milch" ungesüßt sind.

Sojasahne ist eine schmackhafte, kalorienarme und rein pflanzliche Alternative zu klassischer Sahne. Gerade beim Kochen ist der Unterschied kaum zu bemerken.

ZUCKER & SÜSSSTOFFE

Zucker wird nicht nur „Zucker" genannt, sondern Fruktose, Glukose, Maltose, Dextrose … Unter gut 70 Namen kann sich Zucker verstecken, wie Verbraucherzentralen herausgefunden haben. Ob Süßes oder Salziges: Zucker ist überall. Er wird von der Industrie beigefügt, weil er günstig ist und uns zum „Mehr-als-nötig-essen" verführt, da er direkt auf den Insulinspiegel

wirkt. Er fördert Karies und Fettleibigkeit, da Zucker/Glukose, den der Körper nicht verbraucht, in der Leber zu Fett verwandelt wird und an den üblichen Stellen wie Bauch, Kinn, Po für „schlechte Zeiten" eingelagert wird.
Bei Clean Eating sollte der Zuckerkonsum drastisch reduziert werden. Durch die Zubereitung deiner Speisen hast du genau im Blick, wie viel Zucker wirklich in deinem Essen steckt.

Zu Kristallzucker gibt es viele Alternativen wie Agaven-, Apfel- oder Birnendicksäfte, Honig, Ahornsirup oder Erythrit und Kokosblütenzucker (siehe Glossar). Nutze jedoch auch diese Zuckeralternativen in Maßen, da sie eine ähnliche Wirkung auf den Insulinspiegel und somit den Körper wie raffinierter Kristallzucker haben. Im Gegensatz zu Zucker besitzen sie allerdings immerhin noch Spuren von Mineralstoffen. Die große Ausnahme ist hier nur Erythrit, das keinerlei für den Körper verwendbare Kohlenhydrate enthält und somit nicht dick macht.
Wer mag, kann auch „pure Stevia"-Produkte zum Süßen verwenden, jedoch hat sich diese im Prinzip gesunde und sehr kalorienarme Zuckeralternative nicht wirklich durchgesetzt, da viele Konsumenten der leicht lakritzige Nachgeschmack stört.
Völlig „unclean" sind dagegen jegliche Arten von chemischen Süßstoffen und Zuckerersatzmitteln wie Sacharin, Aspartam, Acesulfam oder Ähnliches. Diese Produkte sind reine Chemie und haben nichts mit natürlicher Ernährung zu tun.

KRÄUTER & GEWÜRZE

Frische Kräuter geben jedem Gericht den richtigen Pep. Dill, Petersilie, Schnittlauch, Oregano, Rosmarin, Minze und unglaublich viele andere Sorten liefern zahlreiche wichtige Vital- und sekundäre Pflanzenstoffe. Weiterhin geben sie Gerichten viel „geschmackliches Volumen" im Mund und ermöglichen dir somit die Reduzierung von Salz.
Viele Sorten kannst du selber im Topf auf der Küchenfensterbank oder im Garten anbauen, so dass deine Frischkräuterversorgung das ganze Jahr über gewährleistet ist.
Nutzt du getrocknete Kräuter, dann achte darauf, dass es pure Sorten und keine Gewürzmischungen sind. Diese sind oft mit Glutamat angereichert. Genauso sieht es bei anderen Gewürzen aus: Reines Paprikapulver, Kümmelsamen, Pfeffer etc. sind grundsätzlich clean. Der Steakpfeffer, die Gemüsepfannenwürzmischung, das Gulaschgewürz oder die Fix-Gewürzmischung hingegen nicht!

Fertige Gemüse- oder Fleischbrühe ist in der Regel voll von Inhaltsstoffen, die nicht zu Clean Eating passen. Bereite dir deshalb selber deine Instantbrühe zu, da sie das Abschmecken als würzige Unterstützung einfacher macht.

ÖLE & ESSIG

Pflanzliche Öle, in unterschiedlichen Sorten, sollten immer im Haushalt vorhanden sein. Verschiedene Öle sind verschieden nutzbar: Die einen eignen sich besser kalt für zum Beispiel Salate wie Nuss-, Sesam-, Kürbiskernöl etc., andere besser für Braten und Kochen wie Raps-, Oliven- und Kokosöl.
Öle haben besonders viele ungesättigte Fettsäuren und sind sehr gesund, da sie das HDL-Cholesterin – das gute Cholesterin – erhöhen, das schlechte LDL reduzieren und es somit zu weniger Ablagerungen in den Blutgefäßen kommt.

Unser Gaumen verlangt gerne nach einer moderaten Komposition aus salzig, bitter, süß, scharf und natürlich sauer. Vereint ein Gericht all diese Geschmacksrichtungen, bekommst du das Signal „saulecker" vom Gehirn gesendet. Was passt zu sauer also besser als diverse Essig-Sorten? Jeder Salat schmeckt anders, wenn du Himbeeressig, Apfel- oder Weinessig verwendest und auch zum Backen und Kochen eignet sich Essig ganz hervorragend. Essig ist ein reines Naturprodukt und passt somit zur cleanen Ernährung.
Auch diese Erkenntnis ist natürlich nichts Neues: Hippokrates wusste schon vor 2.400 Jahren um die heilsame Wirkung von Essig bei Verdauungsbeschwerden und Atemwegserkrankungen.

REZEPTAUSWAHL & KOCHTIPPS

Wie ich schon in der Einleitung erwähnt habe, möchte ich dich inspirieren, mit vielen, teils sicherlich dir noch unbekannten Zutaten und Zutaten-Kombinationen zu experimentieren. Also habe ich eine Rezeptauswahl getroffen, die eine breite Streuung von Backen bis Smoothies und eine Reise durch die Jahreszeiten beinhaltet, um das gesamte mögliche Spektrum von cleanen Rezepten darzustellen. Sei kreativ und „bastele" dir daraus deine persönliche cleane Ernährung.

Um einen sanften Einstieg zu gewährleisten, sind einige Rezepte von Ketchup über gekörnte Gemüsebrühe und Mayonnaise bis Kräutersalz dabei, da diese in nahezu jedem Kühl- bzw. Vorratschrank zu finden sind und im Haushalt ständig genutzt werden. Diese Produkte sind im Handel oft randvoll mit Geschmacksverstärkern, Verdickungsmitteln, Farbstoffen, Zucker und weiterer Chemie. Wenn du diese Produkte nun selbst herstellst, kannst du deine „uncleanen" Essgewohnheiten somit teilweise beibehalten, aber nun guten Gewissens mit cleanen Produkten.
Ein Ausreißer dabei ist Dr. Oetker Gelfix 3:1. Natürlich ist das ein Fertigprodukt, aber eine selbst gemachte Marmelade mit Erythrit hat nur noch gut 5 g Zucker auf 100 g und ist in sich ein so gesundes, leckeres Produkt, dass die minimale Menge an „Fertigprodukt" für mich zu vernachlässigen ist. Es ist kurz gesagt einfach ungemein praktisch.

Alle Mengenangaben von frischen Produkten wie Obst und Gemüse sind als „vorbereitetes" Gewicht gerechnet. 100 g Paprika sind also 100 g ohne Stil und Kerne, 100 g Kartoffeln sind geschälte Kartoffeln etc. Achte beim Kauf also immer darauf, etwas mehr an Gewicht einzukalkulieren.
Weiterhin ist die Gewichtsangabe in „ca." gerechnet, da Naturprodukte immer unterschiedliche Gewichte haben. Gebe ich im Rezept ca. 250 g Tomaten an, kannst du selbstverständlich auch 235 g oder 270 g verwenden, um nicht ein Stück übrig zu haben. Verwende immer das ganze Produkt, da es zu wertvoll für den Bio-Müll ist.
Äpfel oder auch Birnen etc. solltest du nicht schälen, da die meisten Vitamine direkt unter der Schale liegen und du somit das „Wichtigste" wegwerfen würdest.
Nutze auch bei Gewürzen gerne etwas mehr oder weniger. Gaumen und Geschmäcker sind so verschieden, dass du durch Nachwürzen bzw. Reduzieren beim nächsten Kochen des Rezeptes deine persönliche Version perfektionieren kannst.

Ich nutze in vielen Rezepten Alsan Margarine. Wenn du aber gerade keine im Haushalt hast, kannst du sie immer auch durch Butter ersetzen.

Bei allen Rezepten mit Mehlen habe ich genau die Menge angegeben, die du zum Backen benötigst. Es ist aber immer auch wichtig, etwas Mehl zum leichteren Ausrollen oder zum Bestäuben der Hände zu haben. Bereite dir deshalb eine gewisse Menge an Mehl vor oder nutze ein fertiges Vollkornmehl für diese wichtigen Schritte beim Kochen.
Alle Rezepte sind auf 4 Portionen ausgerichtet. Brauchst du nicht so viel, sind die Mengen eine

ideale Grundlage dafür, am nächsten Tag eine Portion mit zur Arbeit zu nehmen.
Unter den Rezepten findest du teilweise Tipps, die weitere Verwendungs- bzw. Kombinationsmöglichkeiten erwähnen. Lass dich auch hier zu neuen, eigenen Rezepten inspirieren.
Nun wünsche ich viel Spaß beim Mixen und vor allem guten Appetit!

VORRATSSCHRANK

GETREIDE & MEHLE:
Amaranth
Buchweizenmehl
Chia-Samen
Dinkelkörner
Emmerkörner
Haferflocken
Kamutkörner
Leinsamen
Maisstärke
Mandelmehl
Quinoa
Vollkornmaismehl
Vollkornmehl

NÜSSE-KERNE-BEEREN:
Goji-Beeren
Haselnüsse
Kürbiskerne
Mandeln
Pinienkerne
Sonnenblumenkerne
Walnusskerne

ESSIG & ÖL:
Apfelessig
Himbeeressig
Kürbiskernöl
Olivenöl
Rapsöl
Sojasauce
Weinessig

SÜSSEN:
Agavendicksaft
Erythrit (Birkenzucker)
Honig
Kokosblütenzucker

KOCHEN & BRATEN:
Alpro Soya Cuisine
Alsan
Butterschmalz
Kokosmilch (Dose)
Mandeldrink
Sojadrink
Dr. Oetker Gelfix 3:1
Vollkornnudeln
Dinkelnudeln

GEWÜRZE & KRÄUTER:
Kreuzkümmel
Kümmel
Lorbeerblätter
Muskatnuss
Paprikapulver (edelsüß)
Pfeffer
Salz
Tomatenmark
Topf Basilikum
Topf Oregano
Topf Petersilie
Topf Rosmarin

BACKEN:
Vanillestangen
Weinsteinbackpulver
Alufolie
Backpapier

WÜRZMITTEL:
Selbstgemachte
gekörnte Gemüsebrühe
Selbstgemachter Senf
Selbstgemachtes
Brotgewürz
Selbstgemachtes
Kräutersalz

SAUCEN & GEWÜRZE

1 Glas

6 h
15 Min.

mittel

GEKÖRNTE GEMÜSEBRÜHE

Zubereitungszeit: 15 Minuten
Backzeit: 6 Stunden, 80°C Umluft
Utensilien: 3 Backbleche und -papier, Schraubglas à 500 ml
Zutaten für 1 Glas

- 650 g Knollensellerie, geschält in groben Stücken
- 400 g Möhren, geschält, in groben Stücken
- 200 g Petersilienwurzel, geschält, in groben Stücken
- 2 Knoblauchzehen
- 200 g Schalotten, halbiert
- 300 g Porree, in Scheiben
- 100 g Frühlingszwiebeln, in Scheiben
- 50 g Liebstöckel, frisch
- 60 g Petersilie, frisch
- 100 g feines Salz, unbehandelt, z.B. Totes Meer Salz

Gemüsebrühe ist meine ultimative Allzweckwaffe in der Küche, um Gerichte geschmacklich abzurunden. Sie gibt jedem Gericht „Volumen". Fertige Brühe mit Glutamat ist selbstverständlich bei Clean Eating nicht auf dem Speiseplan, weshalb du dir deine gekörnte Gemüsebrühe einfach selber machen kannst.

1. Heize als Erstes den Backofen auf 80°C Umluft vor und belege 3 Backbleche mit Backpapier.

2. Wasche und schäle dann den Knollensellerie, schneide ihn in grobe Stücke und zerkleinere ihn im Mixtopf 5 Sekunden/ Stufe 5. Fülle ihn danach in eine große Schüssel.

3. Nun wäschst und schälst du auch die Möhren und die Petersilienwurzel und gibst beide Zutaten in Stücken in den Mixtopf. Zerkleinere die Zutaten darin 7 Sekunden/ Stufe 5 und fülle sie anschließend zu dem zerkleinerten Knollensellerie in die Schüssel.

4. Als Nächstes schälst du die Knoblauchzehen und die Schalotten, halbierst sie und zerkleinerst beide Zutaten im Mixtopf 5 Sekunden/ Stufe 5. Danach gibst du die Mischung zu dem anderen Gemüse in die Schüssel.

5. Putze den Porree und die Frühlingszwiebeln, schneide beide Zutaten in dicke Scheiben und zerkleinere beides im Mixtopf 7 Sekunden/ Stufe 5. Anschließend gibst du die Mischung zu dem zerkleinerten Gemüse in die Schüssel.

6. Wasche nun den Liebstöckel und die Petersilie, tupfe beide Zutaten trocken und gib sie in den Mixtopf. Drücke beide Zutaten mit dem Spatel nach unten und zerkleinere sie 5 Sekunden/ Stufe 8.

7. Die Kräutermischung verrührst du gleichmäßig mit der Gemüsemischung in der Schüssel und verteilst alles dünn und gleichmäßig auf die mit Backpapier ausgelegten Backbleche. Alle drei Bleche schiebst du nun für gut 6 Stunden/ 80°C Umluft in den vorgeheizten Backofen. Halte dabei die Ofentür mit einem Holzlöffel einen Spalt offen, so kann die Feuchtigkeit abziehen. Je nach Backofen kann es etwas länger oder auch kürzer dauern. Fertig ist das Gemüse, wenn man es zwischen den Fingern leicht zerbröseln kann und es sich trocken anfühlt.

8. Gib danach das getrocknete, etwas abgekühlte Gemüse zurück in den Mixtopf und zerkleinere es 10 Sekunden/ Stufe 10 mit dem feinen Salz. Fülle die Brühe nun in ein großes Schraubglas, darin ist sie etwa 6 Monate haltbar.

In Wasser gelöst reichen 2–2 ½ TL Brühe für 500 ml. Exakt kann man es nicht sagen, da es Geschmackssache ist. Probier es einfach mal aus, um das richtige geschmackliche Maß zu finden.

1 Glas

1 h
31 Min.

mittel

KRÄUTERSALZ

Zubereitungszeit: 1 Minute
Backzeit: 1 Stunde 30 Minuten, 80°C Umluft
Utensilien: Backblech und -papier, Schraubglas à 500 ml oder Salzmühle
Zutaten für 1 Glas

10 g Oregano, frisch
10 g Thymian, frisch
10 g Basilikum, frisch
10 g Rosmarin, frisch
300 g grobes Meersalz

Das Kräutersalz aus frischen Kräutern gibt unzähligen Gerichten den letzten Schliff. Ich verwende es bei vielen Rezepten hier im Buch und es sollte daher als Grundausstattung in keiner Küche fehlen.
Bei sehr frischen, jungen Kräutern aus dem Garten kannst du die gesamten Stiele mit in den Mixtopf geben. Wenn beim Thymian oder Rosmarin die Stängel schon zu holzig sind, zupfe die Nadeln und Blätter ab. Die Kräuter nach dem Waschen unbedingt mit Küchenkrepp trocken tupfen oder in einer Salatschleuder trocknen.

1. Heize den Backofen auf 80°C Umluft vor und belege ein Backblech mit Backpapier.

2. Wasche alle Kräuter und tupfe sie trocken. Gib diese in den Mixtopf und verteile das Salz darüber. Zerkleinere dann alle Zutaten 15 Sekunden/ Stufe 10.

3. Das Kräutersalz verteilst du anschließend mit dem Spatel gleichmäßig auf dem vorbereiteten Backblech und schiebst das Backblech für 1 ½ Stunden/ 80°C Umluft in den Ofen. Halte die Ofentür mit einem Holzlöffel einen Spalt offen, damit die Feuchtigkeit abziehen kann.

4. Wenn das Kräutersalz trocken und abgekühlt ist, füllst du es in ein Glas und zerkleinerst es etwas mit einem Löffel oder Stößel. Falls du eine Salzmühle nutzt, ist das nicht nötig. Fertig ist der Küchenallrounder! Das Salz ist trocken aufbewahrt mehrere Monate haltbar.

1 Glas

1 Min.

leicht

BROTGEWÜRZ

Zubereitungszeit: 1 Minute
Utensilien: Schraubglas à 100 ml
Zutaten für 1 Glas

- 20 g Kümmelsamen
- 10 g Fenchelsamen
- 5 g Koriandersamen
- 5 g Kardamom
- ½ TL Kreuzkümmel

Die schöne Mischung an Aromen gibt selbst gebackenem Brot und Brötchen den letzten Schliff.

Gib Kümmel, Fenchel, Koriander, Kardamom und Kreuzkümmel in den Mixtopf und pulverisiere die Zutaten 20 Sekunden/ Stufe 10. Fülle das Gewürz anschließend am besten in ein luftdichtes Glas, damit sich die Aromen nicht verflüchtigen. Darin ist das Gewürz mindestens 1 Jahr haltbar.

300 g

2-3 Wochen
1 Tag
15 Min.

leicht

GELBE-BETE-SENF

Zubereitungszeit: 15 Minuten
Ruhezeit: 2–3 Wochen
24 Stunden
Utensilien: 2 Schraubgläser à 200 ml
Zutaten für 2 Gläser

30 g Gelbe Bete, vorgegart, alternativ Rote Bete, in groben Stücken
100 g Senfkörner
15 g Kräutersalz, s. S. 24
50 g Honig
150 g Himbeeressig
50 g Portwein

Selbst gemachter Senf - vielseitig verwendbar von Bratwurst bis Salatdressing!
Bereite den Senf am besten dann zu, wenn du ohnehin ein Gericht mit Gelber oder Roter Bete zubereitest und plane einfach die 30 Gramm mehr ein. Geschmacklich ist es gleich, ob du Gelbe oder Rote Bete verwendest, mit Roter bekommst du einen zart rosafarbenen Senf.

1. Gib die Bete in Stücken zusammen mit Senfkörnern, Kräutersalz, Honig, Himbeeressig und Portwein in den Mixtopf und zerkleinere alle Zutaten 60 Sekunden/ Stufe 10. Schiebe die Stücke mit dem Spatel nach unten.

2. Erwärme anschließend die Mischung 8 Minuten/ 70°C/ Stufe 1.

3. Danach füllst du den Senf in saubere Schraubgläser und lässt diese offen gut 24 Stunden bei Zimmertemperatur stehen, damit die Fermentation beginnen kann. Dann erst verschließt du die Gläser und lässt den Senf darin 2–3 Wochen abgedunkelt reifen. Je „reifer" der Senf wird, umso leckerer wird er. Der fertige Senf ist kühl aufbewahrt mindestens 6 Monate haltbar.

4 Portionen

6 Min.

leicht

SAUCE HOLLANDAISE

Zubereitungszeit: 6 Minuten
Zutaten für 4 Portionen

- 125 g Alsan, in Würfeln
- 5 Eigelb, Größe M
- 125 g Sojasahne, z.B. Alpro Soya Cuisine, alternativ Sahne
- 15 g Zitronensaft
- ½ TL Salz
- ¼ TL Pfeffer

Die Sauce Hollandaise ist ausgesprochen schmackhaft und bereichert viele Gerichte von Spargel, über gebratenen Fisch bis zu Brokkoli und Blumenkohl. Außerdem verfeinert sie sogar deine Pizza.

Gib Alsan in Würfeln zusammen mit Eigelb, Sojasahne, Zitronensaft, Salz und Pfeffer in den Mixtopf und lass die Zutaten 6 Minuten/ 80°C/ Stufe 4 emulgieren.

1 Glas

45 Min.

mittel

AJVAR

Zubereitungszeit: 25 Minuten
Backzeit: 20 Minuten, 180°C Umluft
Utensilien: Backblech und -papier, Schraubglas à 1000 ml
Zutaten für 1 Glas

300 g Aubergine, in Scheiben
500 g rote Spitzpaprika
3 Knoblauchzehen
20 g Olivenöl
140 g Tomatenmark
5 g Kräutersalz, s. S. 24
15 g Erythrit

Die kroatische Spezialität ist universell einsetzbar. Als Sauce zu gegrilltem Gemüse, Fisch oder Fleisch, als Würzmittel oder auch zu Nudeln, Bulgur oder Couscous. Einfach wie Pesto unter gekochte Vollkornnudeln rühren, fertig ist das Mittagessen. Gekühlt ist Ajvar einige Wochen haltbar.

1. Heize den Backofen auf 180°C Umluft vor und belege ein Backblech mit Backpapier.

2. Wasche die Auberginen, befreie sie vom Strunk und schneide sie in gut 3 cm dicke Scheiben. Wasche die Spitzpaprika und verteile sie mit Stiel zusammen mit den Auberginenscheiben gleichmäßig auf das vorbereitete Backblech. Backe nun beide Zutaten im vorgeheizten Backofen gut 20 Minuten/ 180°C Umluft. Fertig ist die Paprika, wenn sich die Schale und der Stiel ganz leicht lösen.

3. Lass die Paprika 10 Minuten abkühlen, befreie sie von Haut, Stiel und Kernen und lege sie mit den Auberginenscheiben beiseite.

4. Nun schälst du die Knoblauchzehen und zerkleinerst diese mit Olivenöl und Tomatenmark im Mixtopf 4 Sekunden/ Stufe 8. Anschließend schiebst du mit dem Spatel alles nach unten und schwitzt die Mischung 3 Minuten/ Varoma/ Stufe 8 an.

5. Füge dann Paprika, Aubergine, Kräutersalz und Erythrit hinzu und zerkleinere die Zutaten 15 Sekunden/ Stufe 8. Schiebe die Stücke wieder mit dem Spatel nach unten. Danach kochst du die Mischung 5 Minuten/ 100°C/ Stufe 2 auf.

6. Fülle das Ajvar in ein sauberes Schraubglas, lass es abkühlen und bewahre es anschließend im Kühlschrank auf! Darin ist es ca. 4 Wochen haltbar.

5 Gläser

1 h 30 Min.

leicht

GURKENRELISH

Zubereitungszeit: 1 Stunde 30 Minuten
Utensilien: feines Sieb, 2 Schraubgläser à 500 ml
Zutaten für 5 Gläser

- 500 g Salatgurke, ungeschält, entkernt, in groben Stücken
- 150 g Zwiebel, halbiert
- 150 g grüne Paprika, in groben Stücken
- 10 g Salz
- 200 g Erythrit
- 200 g Apfelessig
- 1 geh. TL Senfkörner
- 12,5 g Gelfix 3:1, z.B. von Dr. Oetker

In den USA zum BBQ, zu Steak, Burgern oder gekochtem Ei, ein unbedingtes Muss! Das süß-saure Relish gibt gebratenem Fleisch oder auch einem Sandwich den letzten Schliff.

1. Zuerst wäschst und halbierst du die Salatgurke und entfernst die Kerne. Dies funktioniert am besten mit einem Esslöffel.

2. Schäle dann die Zwiebel, wasche und entkerne die Paprika und schneide beide Zutaten und auch die Gurke in grobe Stücke. Gib nun die Gemüsestücke sowie das Salz in den Mixtopf und zerkleinere die Zutaten 4 Sekunden/ Stufe 5. Fülle die Masse in ein feinmaschiges Sieb und setze dieses für gut 60 Minuten zum Abtropfen auf eine Schale, so dass der Saft ablaufen kann.

3. Das gut abgetropfte Gemüse kochst du mit Erythrit, Essig, Senfkörnern und Gelfix im Mixtopf 10 Minuten/ 100°C/ Stufe 1 auf.

4. Fülle nun das noch heiße Gurkenrelish in die sauberen Gläser um und bewahre es nach dem Abkühlen im Kühlschrank auf. Dort ist es geschlossen einige Monate und geöffnet einige Wochen haltbar.

1 Flasche

35 Min.

leicht

PAPRIKAKETCHUP

Zubereitungszeit: 35 Minuten
Utensilien: Flasche à 1000 ml
Zutaten für 1 Flasche

1 rote Peperoni, entkernt
1 Zwiebel, geviertelt
1 Knoblauchzehe
200 g rote Paprika, entkernt, in groben Stücken
50 g Kirschtomaten, halbiert
30 g Olivenöl
400 g Wasser
100 g Tomatenmark
10 g Salz
1 TL Paprikapulver, edelsüß
100 g Erythrit
30 g Bio-Maisstärke
150 g Apfelessig

Kinder lieben Ketchup, und wenn wir mal ehrlich sind, wir auch! Ein Burger wird mit Ketchup noch köstlicher, Vollkornnudeln pur mit einem Klecks Ketchup sind ein schnelles leckeres Essen. Industriell hergestellter Ketchup enthält jedoch so viele Zusatzstoffe, dass er zu Clean Eating einfach nicht passt – deshalb selber machen! Hier das Rezept.

1. Wasche und entkerne die Peperoni und gib sie in den Mixtopf. Schäle dann die Zwiebel und gib sie geviertelt in den Mixtopf dazu. Auch die Knoblauchzehe schälst du und gibst sie in den Mixtopf. Als Nächstes wäschst du die rote Paprika, entkernst sie und gibst auch sie in Stücken in den Mixtopf. Wasche und halbiere die Tomaten und gib die Stücke in den Mixtopf. Zerkleinere nun die Zutaten 5 Sekunden/ Stufe 5 und schiebe die Stücke mit dem Spatel nach unten.

2. Füge das Olivenöl hinzu und schwitze das Gemüse darin 5 Minuten/ Varoma/ Stufe 1 an.

3. Anschließend gibst du Wasser, Tomatenmark, Salz, Paprikapulver, Erythrit, Maisstärke und Apfelessig hinzu und zerkleinerst die Mischung 10 Sekunden/ Stufe 10. Lass danach den Paprikaketchup 15 Minuten/ 100°C/ Stufe 1 einkochen und püriere ihn anschließend nochmal 10 Sekunden/ Stufe 10. Fülle ihn zu guter Letzt in eine saubere Flasche um und bewahre ihn nach dem Abkühlen im Kühlschrank auf, darin ist er gut 6 Wochen haltbar.

SUPPEN

4 Portionen

45 Min.

leicht

WINTERWURZELSUPPE
MIT KARAMELLISIERTEN MARONEN

Zubereitungszeit: 45 Minuten
Zutaten für 4 Portionen

- 150 g Knollensellerie, geschält, in groben Stücken
- 200 g Petersilienwurzel, geschält, in groben Stücken
- 200 g mehlig kochende Kartoffeln, geschält, in groben Stücken
- 4–5 Schalotten, halbiert
- 60 g Alsan, in Stücken
- 750 g Wasser
- 250 g Sojasahne, z.B. Alpro Soya Cuisine, alternativ Sahne
- 2 Lorbeerblätter
- 35 g Kokosblütenzucker
- 3 TL gekörnte Gemüsebrühe, s. S. 22
- 250 g Maronen, vorgegart
- 15 g Zitronensaft
- ½ gestr. TL Chiliflocken
- 5 g Salz
- ½ gestr. TL Pfeffer
- Petersilienblätter zum Garnieren

Eine deftige und schmackhafte Suppe aus allen Zutaten, die der Gemüsehändler auch im Winter bietet. Maronen gibt es im Supermarkt schon gekocht und geschält zu kaufen.

1. Bereite zunächst das ganze Gemüse vor. Dafür schälst du Knollensellerie, Petersilienwurzel und Kartoffeln und schneidest die drei Zutaten in grobe Stücke.

2. Schäle die Schalotten, halbiere sie und zerkleinere sie im Mixtopf 5 Sekunden/ Stufe 5. Danach schiebst du die Stücke mit dem Spatel nach unten und schwitzt diese mit 50 g Alsan 3 Minuten/ Varoma/ Stufe 1 an.

3. Gib nun das ganze vorbereitete Gemüse in den Mixtopf dazu und zerkleinere es 10 Sekunden/ Stufe 7.

4. Danach gibst du Wasser, Sojasahne, Lorbeerblätter, 5 g Kokosblütenzucker sowie gekörnte Brühe zum Gemüse dazu und kochst die Zutaten 30 Minuten/ 100°C/ Linkslauf/ Stufe 1 weich.

5. Während die Suppe köchelt, schneidest du die Maronen in Stücke und röstest sie in einer Pfanne mit 10 g Alsan und 30 g Kokosblütenzucker an.

6. Entferne nun die Lorbeerblätter aus dem Mixtopf und gib Zitronensaft, Chiliflocken, Salz und Pfeffer dazu. Püriere danach die Suppe 10 Sekunden/ Stufe 10.

7. Serviere die Winterwurzelsuppe jeweils mit 1 EL karamellisierten Maronen und garniere sie mit Petersilienblättern.

mixtipp
Sehr lecker zu der Suppe sind auch selbstgemachte Croutons aus altem Brot. Dafür brätst du einfach Brotwürfel mit etwas Olivenöl und Salz in einer Pfanne an und gibst sie auf die Suppe.

4 Portionen

35 Min.

leicht

BIRNEN-SELLERIE-SUPPE

Zubereitungszeit: 35 Minuten
Zutaten für 4 Portionen

- 1 Zwiebel, geviertelt
- 50 g Alsan, in Stücken
- 300 g Birnen, entkernt, in groben Stücken
- 300 g Knollensellerie, geschält, in groben Stücken
- 200 g mehlig kochende Kartoffeln, geschält, in groben Stücken
- 750 g Wasser
- 10 g Kräutersalz, s. S. 24
- 25 g Honig
- 15 g gekörnte Gemüsebrühe, s. S. 22
- ½ gestr. TL Pfeffer
- 250 g Sojasahne, z.B. Alpro Soya Cuisine, alternativ Sahne
- 20 g Zitronensaft
- 8 Salbeiblätter zum Garnieren
- 50 g Haselnüsse, gehackt

Als mir diese Suppe im Urlaub begegnete, wurde ich sofort neugierig. Die Kombination aus Birne und Sellerie klingt im ersten Moment etwas merkwürdig, auf der Zunge aber wirst du überzeugt, dass die beiden Hauptzutaten wunderbar zueinander passen.

1. Schäle die Zwiebel, viertele sie und zerkleinere sie im Mixtopf 5 Sekunden/ Stufe 5. Schiebe die Stücke mit dem Spatel nach unten und füge Alsan hinzu. Schwitze die Zwiebelstücke 3 Minuten/ Varoma/ Stufe 1 an.

2. Wasche und entkerne die Birnen und gib sie mit der Schale in groben Stücken in den Mixtopf. Schäle den Sellerie und die Kartoffeln und gib beides in Stücken in den Mixtopf dazu. Zerkleinere nun die Zutaten 10 Sekunden/ Stufe 5 und füge Wasser, Kräutersalz, Honig, gekörnte Brühe und Pfeffer hinzu. Koche die Suppe 20 Minuten/ 100°C/ Stufe 2.

3. Gib danach die Sojasahne und den Zitronensaft dazu und koche die Suppe weitere 10 Minuten/ 100°C/ Stufe 2.

4. Anschließend pürierst du die Birnen-Sellerie-Suppe 15 Sekunden/ Stufe 10 und schmeckst sie nach Geschmack mit etwas mehr Zitronensaft und Salz ab. Garniere sie zum Servieren mit Salbeiblättern und gehackten Haselnüssen.

mixtipp
Du kannst diese Suppe auch noch sehr gut mit Zimt, Muskat und roten Pfefferkörnern verfeinern

4 Portionen

1 h 10 Min.

mittel

SCHWARZWURZELSUPPE
MIT PFIFFERLINGEN

Zubereitungszeit: 1 Stunde 10 Minuten
Zutaten für 4 Portionen

- 300 g Schwarzwurzeln, geschält, in Stücken
- Essig, nach Belieben
- 500 g Wasser + Wasser zum Auffüllen
- 2–3 Schalotten, geviertelt
- 30 g Alsan, alternativ Butter
- 200 g Topinambur, geschält, in groben Stücken
- 125 g Frischkäse
- 10 g gekörnte Gemüsebrühe, s. S. 22
- Salz, nach Belieben
- Pfeffer, nach Belieben
- ½ Bio-Zitrone
- 200 g Pfifferlinge, frisch, in groben Stücken
- Petersilie zum Garnieren

Schwarzwurzeln auch bekannt als Winterspargel, wurden über Jahrhunderte als Heilpflanze genutzt. Erst seit gut 200 Jahren kommen sie als Gemüse auf den Tisch und durch viele wichtige Nährstoffe wie Kalium, Eisen, Vitamine B1 und E zählen sie auf jeden Fall zu den gesunden Lebensmitteln. Du kannst frische Schwarzwurzeln oder auch das Gemüse aus dem Glas verwenden, da sie meist nur in Salzwasser eingelegt sind. Nimmst du diese, überspringe die ersten zwei Schritte.

1. Schrubbe die Schwarzwurzeln unter fließendem Wasser gut ab. Benutze dafür am besten Küchenhandschuhe, um keine dunklen Hände zu bekommen. Schäle die Schwarzwurzeln und schneide sie in ca. 4–5 cm lange Stücke. Lege die Stücke in eine Schüssel und bedecke sie darin mit Essigwasser, damit sie an der Luft nicht gleich oxidieren.

2. Fülle 500 g Wasser in den Mixtopf und hänge das Garkörbchen ein. Gib die Schwarzwurzelstücke in das Garkörbchen und gare diese 25 Minuten/ 100°C/ Stufe 1. Danach entfernst du mithilfe des Spatels das Garkörbchen und stellst die Schwarzwurzelstücke beiseite. Die Garflüssigkeit gießt du in eine separate Schale.

3. Schäle die Schalotten, viertele sie und zerkleinere sie im Mixtopf 5 Sekunden/ Stufe 5. Schiebe die Stücke mit dem Spatel nach unten und schwitze sie mit 25 g Alsan 3 Minuten/ Varoma/ Stufe 1 an.

4. Nun schälst du die Topinambur und gibst sie in groben Stücken in den Mixtopf dazu und zerkleinerst sie ebenfalls 5 Sekunden/ Stufe 5. Schiebe die Stücke mit dem Spatel nach unten.

5. Schalte nun die Waage ein, gib das aufgefangene Wasser in den Mixtopf und fülle dieses auf 700 g mit frischem Wasser auf.

6. Füge Schwarzwurzelstücke, Frischkäse, gekörnte Brühe sowie Salz und Pfeffer hinzu und koche die Zutaten 30 Minuten/ 100°C/ Stufe 1. Presse währenddessen eine halbe Zitrone aus und bereite die Pfifferlinge zu.

7. Spüle die Pfifferlinge gut ab, schneide sie grob und brate sie in den übrigen 5 g Alsan in einer heißen Pfanne kurz an. Schmecke sie mit etwas Salz und Pfeffer ab.

8. Zum Schluss pürierst du die Suppe 25 Sekunden/ Stufe 10 fein. Verteile beim Servieren der Suppe jeweils ein Häufchen Pfifferlinge auf die Teller, beträufle sie mit ein paar Tropfen Zitronensaft und garniere sie mit Petersilie.

4 Portionen

30 Min.

leicht

STECKRÜBEN-KOKOSSUPPE

Zubereitungszeit: 30 Minuten
Zutaten für 4 Portionen

1 rote Peperoni oder milde Chilischote, entkernt, in groben Stücken
30 g Ingwer, geschält, in groben Stücken
150 g Zwiebel, geviertelt
30 g Rapsöl
5 g Kokosblütenzucker
400 g Steckrübe, geschält, in groben Würfeln
400 g Kokosmilch, ungesüßt
5 g Salz
250 g Wasser
10 g gekörnte Gemüsebrühe, s. S. 22
1 Bio-Limette
15 g Korianderblätter, frisch
1 Frühlingszwiebel, in Röllchen

Die Fusion aus Steckrübe mit Kokosmilch und asiatischen Aromen wird zu einem lukullischen Abenteuer.

1. Entkerne die Peperoni oder Chilischote und schäle den Ingwer. Gib beide Zutaten in Stücken in den Mixtopf und zerkleinere sie 5 Sekunden/ Stufe 8. Schiebe die Stücke mit dem Spatel nach unten.

2. Schäle die Zwiebel, gib sie geviertelt in den Mixtopf und zerkleinere sie ebenfalls 5 Sekunden/ Stufe 5. Schiebe die Stücke wiederum mit dem Spatel nach unten.

3. Gib Rapsöl samt Kokosblütenzucker in den Mixtopf dazu und schwitze die Mischung 3 Minuten/ Varoma/ Stufe 1 an.

4. Als Nächstes schälst du die Steckrübe und gibst sie in grobe Würfel geschnitten mit Kokosmilch, Salz, Wasser und gekörnter Brühe in den Mixtopf dazu und köchelst die Zutaten 25 Minuten/ 100°C/ Stufe 1 weich. Danach pürierst du die Suppe 10 Sekunden/ Stufe 8.

5. Reibe nun von der Limette ca. 1 TL Schale mit einer feinen Reibe ab und presse den Saft einer Limettenhälfte aus. Gib Limettenabrieb und 2 TL Limettensaft in den Mixtopf dazu und rühre beides 10 Sekunden/ Stufe 3 unter.

6. Zupfe die Blätter vom Koriander ab und serviere sie zu der Suppe. Jeder kann sich nun nach Lust und Laune noch frischen Koriander und Frühlingszwiebel auf die Suppe streuen oder wer es sauer mag, mit etwas mehr Limettensaft selbst abschmecken.

4 Portionen

40 Min.

leicht

MANDELSUPPE

Zubereitungszeit: 20 Minuten
Backzeit: 20 Minuten, 150°C Ober-/Unterhitze
Utensilien: Backblech
Zutaten für 4 Portionen

- 150 g ganze Mandeln, ungeschält
- 80 g Zwiebel, geviertelt
- 25 g Alsan, alternativ Butter
- 100 g Sojasahne, z.B. Alpro Soya Cuisine, alternativ Sahne
- 100 g Crème Fraîche
- 5 g Salz
- 10 g gekörnte Gemüsebrühe, s. S. 22
- 1 Msp. Zimt
- 750 g Wasser
- 80 g Chorizo, in Scheiben
- 10 g Olivenöl
- Zitronensaft, nach Belieben

Als ich das erste Mal von dieser Suppe hörte, wurde ich extrem neugierig, da mir nicht bewusst war, dass man aus Mandeln eine Suppe machen kann. Einmal gekocht mutierte sie sofort zu meiner Lieblingssuppe.

1. Heize den Backofen auf 150°C Ober-/Unterhitze vor und verteile die Mandeln nebeneinander auf ein Backblech. Röste die Mandeln dann im vorgeheizten Backofen 20 Minuten/ 150°C Ober-/Unterhitze. Anschließend füllst du die Mandeln in den Mixtopf.

2. Schäle die Zwiebel und gib sie geviertelt mit Alsan, Sojasahne, Crème Fraîche, Salz, gekörnter Brühe, Zimt und Wasser in den Mixtopf dazu und zerkleinere die Zutaten 10 Sekunden/ Stufe 10. Koche danach die Suppe 15 Minuten/ 100°C/ Stufe 1.

3. Während die Suppe kocht, schneidest du die Chorizo in ca. ½ cm breite Streifen und brätst diese mit dem Olivenöl in einer Pfanne kross an.

4. Wenn die Mandelsuppe fertig ist, schlägst du diese nochmal 10 Sekunden/ Stufe 10 auf und schmeckst sie mit etwas Zitronensaft ab.

5. Serviere die Suppe nun jeweils mit 1 EL Chorizostreifen mittig garniert und verteile darauf ein paar Tropfen von dem beim Braten ausgetretenen Bratfett.

SALATE & BEILAGEN

4 Portionen

1 h

leicht

BELUGALINSENSALAT
MIT APRIKOSEN-TOMATEN-CHUTNEY

Zubereitungszeit: 1 Stunde
Utensilien: Schraubgläser à 500 ml
Zutaten für 4 Portionen

- 4–6 Schalotten, halbiert
- 250 g Aprikosen, frisch, entkernt, in groben Stücken, alternativ getrocknete Aprikosen
- 250 g Tomaten, in groben Stücken
- 1 Apfel, entkernt, in groben Stücken
- 60 g Erythrit oder Kokosblütenzucker
- 50 g Apfelessig
- ½ TL Senfkörner
- 5 g Kräutersalz, s. S. 24
- Pfeffer, nach Belieben
- 250 g Belugalinsen
- 500 g Wasser
- 10 g Alsan, alternativ Butter

Das Aprikosen-Tomaten-Chutney ist sehr vielseitig verwendbar. Es ist im Kühlschrank ca. 6 Wochen haltbar und passt auch ganz hervorragend zu gegrilltem Fleisch und Fisch oder als Burgersauce.

1. Für das Chutney schälst du die Schalotten, halbierst sie und gibst sie in den Mixtopf. Wasche dann die Aprikosen und die Tomaten und gib sie in groben Stücken in den Mixtopf dazu. Als Nächstes wäschst du auch den Apfel, entkernst ihn und gibst ihn in Stücken zusammen mit dem Erythrit, dem Essig, den Senfkörnern, dem Kräutersalz und dem Pfeffer in den Mixtopf. Zerkleinere nun alle Zutaten 5 Sekunden/ Stufe 4 und koche die Mischung anschließend 25 Minuten/ 100°C/ Stufe 1 ein. Nach dem Kochen füllst du das Chutney in saubere Schraubgläser um und stellst es nach dem Abkühlen in den Kühlschrank.

2. Reinige den Mixtopf gründlich und koche darin die Linsen mit dem Wasser 25 Minuten/ 90°C/ Linkslauf/ Sanftrührstufe gar. Prüfe nach der Kochzeit, ob die Linsen weich genug sind, und verlängere gegebenenfalls die Einstellung um weitere 5 Minuten.

3. Gieße danach das überschüssige Wasser ab und gib die Belugalinsen mit der Alsan-Margarine in eine Schüssel. Verrühre die Linsen mit 3–4 EL Chutney und schmecke das Gericht mit etwas Kräutersalz und Pfeffer ab. Serviere es am besten lauwarm.

4 Portionen

1 h

leicht

GELBE-BETE-CARPACCIO

Zubereitungszeit: 1 Stunde
Zutaten für 4 Portionen

- 4 Gelbe Beten à ca. 150 g, alternativ Rote Beten
- 700 g Wasser
- 30 g Sonnenblumenkerne
- 30 g Kürbiskerne
- 30 g Olivenöl
- Kräutersalz, nach Belieben, s. S. 24
- Saft von 1 Bio-Zitrone
- Pfeffer, nach Belieben

Diese besonders delikate Vorspeise lässt sich extrem schnell zubereiten. Die Garzeit beträgt zwar 50 Minuten, doch für die eigentliche Zubereitung benötigst du nicht mal 10 Minuten und überraschst Familie oder Freunde mit einer noch recht unbekannten Version von Gelben oder Roten Beten.

1. Wasche die Beten und lege sie in den Varoma. Sollten die Knollen viel größer als 150 g pro Stück sein, halbiere diese und lege sie mit der Schale nach unten in den Varoma.

2. Gieße das Wasser in den Mixtopf, verschließe diesen mit dem Mixtopfdeckel, aber ohne den Messbecher einzusetzen, und positioniere den verschlossenen Varoma auf dem Mixtopfdeckel. Gare die Beten darin 50 Minuten/ Varoma/ Stufe 1. Die Beten sind gar, wenn sich die Haut abziehen lässt. Für das Carpaccio dürfen sie jedoch noch Biss haben.

3. Während die Beten garen, röstest du in einer kleinen Pfanne die Sonnenblumen- und Kürbiskerne mit 10 g Olivenöl und etwas Kräutersalz an. Die Kerne solltest du dabei immer wieder rühren und nur ganz leicht anbräunen lassen, da zu viel Röstung Bitterstoffe verursacht. Stelle die Pfanne anschließend beiseite.

4. Wenn die Gelben Beten gar sind, schälst du sie und schneidest sie in möglichst dünne Scheiben, die du gleichmäßig auf Tellern verteilst.

5. Auf die Betenscheiben verteilst du nun die gerösteten Kerne, ein paar Spritzer Zitronensaft sowie Olivenöl und etwas Pfeffer aus der Mühle. Fertig ist ein ganz besonderes Carpaccio.

mixtipp

Wenn die Beten noch lauwarm sind, schmeckt das Carpaccio noch aromatischer.

4 Portionen

35 Min.

leicht

QUINOA-SPINAT-SALAT
MIT ROTER BETE UND ZIEGENFRISCHKÄSE

Zubereitungszeit: 35 Minuten
Zutaten für 4 Portionen

- 500 g Wasser
- 200 g Quinoa
- 500 g Rote Bete, vorgegart, in groben Stücken
- 150 g Walnusskerne
- 60 g Honig
- 30 g Olivenöl
- 25 g Tahin (Sesampaste)
- 15 g Balsamico
- 5 g Salz
- 2 Msp. Pfeffer
- 100 g Babyblattspinat, gewaschen
- 150 g Ziegenfrischkäse

Beim Lesen der vielfältigen Zutaten hast du sicherlich schon Appetit bekommen. Quinoa, Walnüsse, Honig, Ziegenfrischkäse und die ganzen anderen Leckereien ergänzen sich hervorragend. Das Ergebnis ist ein köstlicher Salat, der auch als Hauptgericht genossen werden kann.

1. Fülle zunächst das Wasser in den Mixtopf, hänge das Garkörbchen ein und dämpfe darin die Quinoa 30 Minuten/ Varoma/ Stufe 2. Nach der Garzeit hängst du mithilfe des Spatels das Garkörbchen aus und füllst die Quinoa in eine Schale um.

2. Leere den Mixtopf und spüle ihn kalt aus.

3. Nun schälst du die Rote Bete, schneidest sie in grobe Stücke und zerkleinerst sie mit den Walnüssen im Mixtopf 5 Sekunden/ Stufe 5. Fülle anschließend die Mischung zu der Quinoa in die Schale.

4. Als Nächstes erhitzt du den Honig im Mixtopf 1 Minute/ 37°C/ Stufe 1, um ihn zu verflüssigen, und fügst Olivenöl, Tahin, Balsamico, Salz und Pfeffer hinzu. Verrühre die Zutaten 10 Sekunden/ Stufe 6.

5. Anschließend wäschst du den Spinat, tropfst ihn gut ab und gibst ihn mit dem Dressing zu den übrigen Zutaten in die Schüssel und mischst alles gut unter.

6. Zu guter Letzt zerrupfst du den Ziegenfrischkäse etwas mit den Fingern und verteilst ihn über den Salat.

mixtipp
Wenn du Rote Bete frisch kochen möchtest, findest du die Anleitung unter „Gelbe-Bete-Carpaccio“, nutze sonst vorgekochte und eingeschweißte Rote Bete aus der Gemüseabteilung!

4 Portionen

10 h 35 Min. - 11 h

leicht

KARTOFFELKÜCHLEIN
MIT ESTRAGON

Zubereitungszeit: 35 Minuten
Backzeit: 25 Minuten, 160°C Umluft (optional)
Utensilien: Pfanne oder Muffinblech
Ruhezeit: 10 Stunden
Zutaten für 4 Portionen

- 650 g mehlig kochende Kartoffeln, geschält, geviertelt
- 500 g Wasser
- 5 g Salz
- 10 g frischer Estragon
- 25 g Alsan, alternativ Butter
- 100 g Buchweizenmehl
- 1 Ei, Größe M
- 5 g Kräutersalz, s. S. 24
- 2 Msp. Pfeffer
- 1 Prise Muskat
- Butterschmalz zum Backen

Kartoffelküchlein sind eine delikate Beilage zu vielen Gerichten. Zu gekochtem oder gebratenem Fleisch bzw. Fisch, zu Sauerkraut oder als Topping auf einen schönen Salat sind sie immer passend.

1. Schäle die Kartoffeln, schneide sie in Viertel und gib diese in den Varoma.

2. Gieße Wasser mit Salz in den Mixtopf, verschließe diesen mit dem Mixtopfdeckel, aber ohne den Messbecher einzusetzen, und positioniere den Varoma auf dem Mixtopfdeckel. Gare die Kartoffeln darin 25 Minuten/ Varoma/ Stufe 1. Danach setzt du den Varoma vorsichtig ab und lässt die Kartoffeln am besten über Nacht abkühlen. So lassen sie sich besser verarbeiten.

3. Am Nächsten Tag legst du den Estragon auf die Klinge des gereinigten Mixtopfes und zerkleinerst ihn 3 Sekunden/ Stufe 8. Schiebe mit dem Spatel die Stücke nach unten.

4. Füge Alsan, Buchweizenmehl, Ei, Kräutersalz, Pfeffer und Muskat samt den kalten Kartoffeln in den Mixtopf hinzu und verrühre alle Zutaten 12 Sekunden/ Stufe 8 zu einem Teig.

5. Nun hast du zwei Möglichkeiten der weiteren Zubereitung:

A. Du formst aus dem Teig kleine Taler mit einem Durchmesser von 6–7 cm und gut 2–3 cm Dicke und brätst diese in einer Pfanne mit Butterschmalz von beiden Seiten kross an.

B. Du füllst den Teig gleichmäßig in gut gefettete Muffinförmchen mit einer Höhe von 3 cm und gibst diese für 25 Minuten/ 160°C Umluft in den vorgeheizten Ofen.

4 Portionen

12 h 15 Min.

leicht

COLESLAW

Zubereitungszeit: 15 Minuten
Ruhezeit: 12 Stunden
Zutaten für 4 Portionen

- 1000 g Weißkohl, in groben Stücken
- 200 g Möhren, geschält, in groben Stücken
- 150 g Essig
- 50 g Erythrit
- 50 g Senf
- 50 g Dinkelvollkornmehl
- 10 g Salz
- 1 TL Pfeffer
- 250 g Sojasahne, z.B. Alpro Soya Cuisine, alternativ Sahne
- 200 g Sojadrink

Der klassische Coleslaw wird mit Mayonnaise zubereitet und sollte immer am gleichen Tag frisch gegessen werden. Diese Variante ohne frisches Ei ist länger haltbar und steht dem Original geschmacklich in nichts nach. Passt super zu Burgern, ist eine super Beilage für den Grillabend und sogar für Veganer geeignet.

1. Befreie den Weißkohl von den Außenblättern und dem Strunk und schneide ihn in grobe Stücke. Zerkleinere zuerst die Hälfte der Kohlstücke im Mixtopf 8 Sekunden/ Stufe 4 und fülle diese in eine Schüssel um. Dann zerkleinerst du die andere Hälfte der Kohlstücke ebenfalls 8 Sekunden/ Stufe 4. Es kommt vor, dass die Kohlstücke im Messer klemmen. Falls das geschieht, lass die Einstellung einfach noch ein paar Sekunden länger laufen. Nimm, wenn nötig, den Spatel zur Hilfe. Fülle auch die zweite Hälfte der Kohlstücke in die Schüssel um.

2. Schäle die Möhren und schneide sie in 4–5 cm lange Stücke. Zerkleinere die Stücke im Mixtopf 8 Sekunden/ Stufe 5 und fülle sie anschließend zu dem Kohl in die Schüssel.

3. Gib nun Essig, Erythrit, Senf, Dinkelvollkornmehl, Salz, Pfeffer, Sojasahne und Sojadrink in den Mixtopf und lass das Dressing 10 Minuten/ 100°C/ Stufe 1 einkochen.

4. Gieße das noch warme Dressing über die Kohl-Möhren-Mischung und vermische alles gut. Der Coleslaw sollte etwas marinieren. Am besten lässt du ihn über Nacht ziehen, dann wird er von Stunde zu Stunde leckerer.

4 Portionen

35 Min.

leicht

BLUMENKOHL-TABOULÉ

Zubereitungszeit: 5 Minuten
Ruhezeit: 30 Minuten
Zutaten für 4 Portionen

- 500 g Blumenkohlröschen
- 50 g Petersilie, frisch
- 10 g Minze, frisch
- 150 g Tomate, geviertelt
- 150 g Salatgurke, in groben Stücken
- 50 g Frühlingszwiebel, in groben Stücken
- 40 g Olivenöl
- 25 g Zitronensaft
- 5 g Salz
- ½ TL Pfeffer
- 10 g Kokosblütenzucker

Die arabische Vorspeise „Taboulé" wird klassisch mit Getreide (Couscous) zubereitet. Die Gemüse-Version braucht sich jedoch hinter dem Original kulinarisch nicht zu verstecken.

1. Verarbeite die Blumenkohlröschen im Mixtopf 5 Sekunden/ Stufe 5 zu „Couscous" und fülle sie in eine Salatschüssel um.

2. Wasche Petersilie und Minze, tupfe beides trocken und gib die Zutaten in den Mixtopf. Bei der Petersilie kannst du den Stängel dranlassen. Zerkleinere die Zutaten 5 Sekunden/ Stufe 6 und gib sie zum Blumenkohl in die Salatschüssel.

3. Gib die Tomate geviertelt in den Mixtopf. Schneide die Gurke und die Frühlingszwiebel in grobe Stücke, gib diese zusammen mit Olivenöl, Zitronensaft, Salz, Pfeffer und Kokosblütenzucker auch in den Mixtopf dazu und zerkleinere wiederum alle Zutaten 5 Sekunden/ Stufe 5.

4. Gib die Mischung in die Salatschüssel dazu und vermenge alle Zutaten gut miteinander. Lass das Taboulé mindestens 30 Minuten durchziehen und schmecke es dann nochmal mit Salz und Pfeffer ab.

4 Portionen

35 Min.

leicht

FALSCHER KARTOFFELSALAT

Zubereitungszeit: 35 Minuten
Zutaten für 4 Portionen

- 1000 g Kohlrabi, geschält, in Würfeln
- 500 g Wasser
- 3 Eier, Größe M
- 10 g Senf, mittelscharf
- 10 g Zitronensaft
- ¼ TL Salz
- Pfeffer, nach Belieben
- 250 g Rapsöl
- 150 g Saure Sahne
- 100 g Essiggurken, in Stücken
- 15 g Schnittlauch, in Röllchen

So hast du Kohlrabi noch nie gegessen. Das Rezept stammt aus der Low Carb-Küche und wird deshalb auch „falscher Kartoffelsalat" genannt. Mit verbundenen Augen werden deine Familie oder Gäste zunächst nicht merken, dass sie gerade Kohlrabi genießen.

1. Schäle die Kohlrabis und schneide sie zunächst in gut 1,5 cm breite Scheiben und dann in Würfel.

2. Fülle das Wasser in den Mixtopf und hänge das Garkörbchen ein. Lege 2 Eier in das Garkörbchen und verschließe den Mixtopf mit dem Mixtopfdeckel, aber ohne den Messbecher aufzusetzen. Positioniere den Varoma auf dem Mixtopfdeckel und gare die Kohlrabiwürfel im Varoma 26 Minuten/ Varoma/ Stufe 1. Nach der Garzeit nimmst du den Varoma vorsichtig ab und füllst die Kohlrabiwürfel in eine Schüssel um. Hänge mithilfe des Spatels das Garkörbchen aus und schrecke die Eier ab. Pelle die Eier und lege sie beiseite.

3. Spüle den Mixtopf kalt aus und trockne ihn gut ab.

4. Schlage das übrige Ei in den Mixtopf und verrühre es darin mit Senf, Zitronensaft, Salz und Pfeffer ohne Zeiteinstellung auf Stufe 3. Gib dabei das Öl ganz langsam, mit eingesetztem Messbecher, auf den Mixtopfdeckel, so dass es nach und nach in den Mixtopf rinnt. Verrühre die Mischung gute 3 Minuten, und wenn noch Öl auf dem Mixtopfdeckel liegt, hebst du den Messbecher nach 2 ½ Minuten leicht an, damit das restliche Öl hinein laufen kann.

5. Gib die Saure Sahne zur Sauce dazu und lass die Zutaten 20 Sekunden/ Stufe 2 gut vermischen.

6. Als Nächstes gibst du die zwei gepellten Eier und die Essiggurke in Stücken in den Mixtopf dazu und rührst beide Zutaten 5 Sekunden/ Stufe 4 ein.

7. Hebe nun die Salatsauce unter die Kohlrabiwürfel und garniere den Salat mit Schnittlauchröllchen. Diese schneidest du am leichtesten mit einer Küchenschere.

4 Portionen

40 Min.

leicht

LAUWARMER KARTOFFELSALAT

Zubereitungszeit: 40 Minuten
Zutaten für 4 Portionen

1000 g festkochende Kartoffeln, geschält, halbiert
950 g Wasser
15 g Schnittlauch
40 g Petersilie
1 Zwiebel, geviertelt
75 g Rapsöl
1 TL gekörnte Gemüsebrühe, s. S. 22
30 g Essig
¼ TL Pfeffer
1 Prise Muskat

Lauwarmen Kartoffelsalat kannst du wunderbar zu gedünstetem Fisch, zum Grillen oder zu jeglicher Art von Frikadellen von vegetarisch bis fleischig kredenzen. Er ist universal einsetzbar und rundet durch seine frische und leichte Säure viele Gerichte ab.

1. Schäle die Kartoffeln, halbiere sie und lege sie in den Varoma. Gieße 750 g Wasser in den Mixtopf, verschließe diesen mit dem Mixtopfdeckel, aber ohne den Messbecher einzusetzen, und positioniere darauf den Varoma. Verschließe den Varoma und gare darin die Kartoffeln 30 Minuten/ Varoma/ Stufe 1. Nach dem Kochen setzt du vorsichtig den Varoma ab und stellst ihn mit Deckel beiseite, so dass die Kartoffeln nicht zu schnell abkühlen.

2. Spüle den Mixtopf kalt aus und trockne ihn ab.

3. Wasche den Schnittlauch und die Petersilie, tupfe beides trocken und zerkleinere beide Zutaten im Mixtopf 4 Sekunden/ Stufe 8.

4. Schäle die Zwiebel, gib sie geviertelt zu den Kräutern in den Mixtopf und zerkleinere sie 5 Sekunden/ Stufe 5. Schiebe die Kräuter-Zwiebel-Mischung mit dem Spatel nach unten.

5. Füge Öl, die restlichen 200 g Wasser, gekörnte Brühe, Essig, Pfeffer und Muskat hinzu und erhitze den Sud 5 Minuten/ 100°C/ Stufe 1.

6. In der Zwischenzeit schneidest du die Kartoffeln in nicht zu feine Scheiben und gibst diese in eine Schüssel. Verteile dann den warmen Sud über die Kartoffelscheiben und vermische alles vorsichtig, aber gut miteinander.

HAUPTGERICHTE

4 Portionen

1 h
20 Min.

schwer

AMARANTH-KÄSE-FRIKADELLEN
MIT FRISÉE-BIRNEN-SALAT

Zubereitungszeit: 1 Stunde 20 Minuten
Zutaten für 4 Portionen

Für den Teig:

- 75 g altbackenes Brot oder Brötchen
- 40 g Haselnüsse
- 15 g Petersilie, frisch
- 150 g Emmentaler, in Würfeln
- 1 Zwiebel, geviertelt
- 20 g Olivenöl
- 125 g Amaranth
- 350 g Wasser
- 10 g gekörnte Gemüsebrühe, s. S. 22
- 2 Eier, Größe M
- 10 g Butterschmalz

Für die Beilage:

- 1 Birne, entkernt, in Scheiben
- 5 g Butterschmalz
- 5 g Kokosblütenzucker
- 1 Friséesalat

Für das Dressing:

- 50 g Balsamico
- 25 g Honig
- 5 g Senf
- 5 g Kräutersalz, s. S. 24
- Pfeffer, nach Belieben
- 100 g Olivenöl

Herzhaft, knackig-kross, süß und bitter – all dies vereint dieses spannende Rezept. Es ist ein Hauch aufwendiger, doch die Arbeit wird belohnt!

1. Bereite zunächst die Zutaten für den Frikadellenteig vor. Dafür zermahlst du als Erstes das alte Brot oder das Brötchen im Mixtopf 15 Sekunden/ Stufe 7 zu Bröseln und füllst diese anschließend in eine große Schüssel um.

2. Zermahle danach die Haselnüsse im Mixtopf 10 Sekunden/ Stufe 6 und gib diese in die Schüssel zu den Bröseln.

3. Die Petersilie wäschst du, tupfst sie trocken und zerkleinerst sie im Mixtopf 3 Sekunden/ Stufe 3. Fülle die Petersilie anschließend auch zu den Zutaten in die Schüssel.

4. Nun schneidest du den Käse in grobe Würfel und zerkleinerst ihn im Mixtopf 20 Sekunden/ Stufe 5. Gib auch diesen zu den vorbereiteten Zutaten.

5. Schäle nun die Zwiebel, viertele sie und zerkleinere sie im Mixtopf 5 Sekunden/ Stufe 5. Schiebe die Stücke mit dem Spatel nach unten und gieße dann das Olivenöl ein. Schwitze darin die Zwiebelstücke 3 Minuten/ Varoma/ Stufe 1 an.

6. Danach gibst du Amaranth, Wasser und gekörnte Brühe dazu und kochst die Mischung 35 Minuten/ 100°C/ Sanftrührstufe. Nach dem Kochen lässt du die Mischung abkühlen und weiter aufquellen. Du kannst dafür die Mischung entweder im Mixtopf lassen oder diese in eine Schüssel umfüllen, darin geht es schneller.

7. Anschließend gibst du alle Zutaten zurück in den Mixtopf, fügst auch die Eier hinzu und vermengst alles 1 Minute/ Teigknetstufe.

8. Aus dem fertigen Teig formst du nun 8 Frikadellen. Dies geht am besten mit feuchten Händen. Falls der Teig nicht fest genug ist, gibst du noch einen EL Semmelbrösel hinzu.

9. Schmelze das Butterschmalz in einer großen beschichteten Pfanne auf mittlerer Stufe und brate darin die Frikadellen von beiden Seiten kross. Wichtig ist, dass du die Frikadellen erst vorsichtig wendest, wenn die Unterseite schon kross ist. Etwas Geduld ist hier geboten, da sie sonst auseinander fallen können.

10. Für die Beilage wäschst du die Birne, entkernst sie und schneidest sie in Scheiben. Schmelze dann 5 g Butterschmalz mit Kokosblütenzucker in einer kleinen Pfanne und schwitze darin die Birnenscheiben kurz an. Sie sollen etwas weich sein, aber noch Biss haben. Danach stellst du die Pfanne beiseite und wäschst den Salat.

11. Reinige den Mixtopf gründlich und setze den Schmetterling ein!

12. Nun verrührst du für das Dressing Balsamico, Honig, Senf, Kräutersalz und Pfeffer im Mixtopf 40 Sekunden/ Stufe 4. Dabei gibst du das Öl auf den Deckel und lässt es so nach und nach am Messbecher vorbei in den Mixtopf tröpfeln. So kann das Dressing schön emulgieren. Danach vermischst du nur noch den vorbereiteten Salat mit dem Dressing und verteilst diesen auf die Teller. Garniere den Salat mit den gebratenen Birnen und serviere dazu die Frikadellen. Ich sage nur: Superlecker!

4 Portionen

1 h 5 Min.

mittel

GRATINIERTER CHICORÉE
MIT EMMER

Zubereitungszeit: 40 Minuten
Backzeit: 25 Minuten, 160°C Umluft
Utensilien: Auflauf- oder Tarteform
Zutaten für 4 Portionen

- 550 g Wasser
- Kräutersalz, nach Belieben, s. S. 24
- 250 g Emmer
- 600 g Chicorée, halbiert
- 1 Zitrone
- 250 g Sojasahne, z.B. Alpro Soya Cuisine, alternativ Sahne
- 200 g Gouda, in Stücken
- 5 g gekörnte Gemüsebrühe, s. S. 22
- 5 g Salz
- 1 Prise Pfeffer
- 1 Prise Muskat
- Fett für die Form

Emmer kann man nicht nur zum Backen nutzen, sondern auch als Beilage im ganzen Korn zu einer Art „Reis" zubereiten. Einfach lecker mit jeglicher Art von Sauce.

1. Gieße 500 g Wasser und Kräutersalz in den Mixtopf und hänge das Garkörbchen ein. Fülle den Emmer in das Garkörbchen und gare ihn darin 15 Minuten/ Varoma/ Stufe 2.

2. Prüfe nach der Kochzeit, wie viel Wasser verdampft ist, und gib gegebenenfalls frisches Wasser dazu. Das Wasser muss bis knapp unter den Rand des Garkörbchens reichen. Verschließe den Mixtopf mit dem Mixtopfdeckel, aber ohne den Messbecher einzusetzen, und positioniere den Varoma auf dem Mixtopfdeckel.

3. Den Chicorée wäschst und halbierst du und verteilst ihn im Varoma. Presse den Saft aus der Zitrone. Träufle die Hälfte des Zitronensaftes über den Chicorée und salze diesen mit etwas Kräutersalz. Verschließe den Varoma und koche die Zutaten nun weitere 15 Minuten/ Varoma/ Stufe 2.

4. Nach dem Garen füllst du den Chicorée in eine gefettete Auflauf- oder Tarteform und stellst den gekochten Emmer warm.

5. Heize den Backofen auf 160°C Umluft vor.

6. Gib nun Sojasahne, Gouda, 50 g Wasser, gekörnte Brühe, Salz, übrigen Zitronensaft, Pfeffer und Muskat in den Mixtopf dazu. Wenn du frische Muskatnuss verwendest, reibe ca. 4–5 Mal. Verrühre jetzt die Sauce 10 Sekunden/ Stufe 8 und verteile sie nun gleichmäßig über den Chicorée. Backe den Chicorée dann 25 Minuten/ 160°C Umluft im Ofen. Fertig ist das Gratin, wenn sich goldbraune Bläschen bilden.

7. Serviere den Chicorée nach dem Gratinieren jeweils mit einer Portion Emmer.

1 Blech

1 h
15 Min.

schwer

DINKELPIZZA
MIT MOZZARELLA & RUCOLA

Zubereitungszeit: 15 Minuten
Ruhezeit: 40 Minuten
Backzeit: 20 Minuten, 220°C Ober-/Unterhitze
Utensilien: Backblech und -papier
Zutaten für 1 Blech

Für den Teig:

- 500 g Dinkelkörner
- 1 Würfel Frischhefe
- 250 g Wasser
- 5 g Salz
- 30 g Honig

Für den Sugo:

- 450 g Strauchtomaten, geviertelt
- 1 Schalotte, halbiert
- 1 Knoblauchzehe
- 15 g Tomatenmark
- 5 g Kräutersalz, s. S. 24
- 20 g Olivenöl
- 1 Zweig Rosmarin
- 2 Zweige Thymian
- 2 Zweige Oregano

Sonstige Zutaten:

- 2 Kugeln Bio-Mozzarella, in Scheiben
- 100 g Rucola
- Parmesan, nach Belieben

Den mit Sugo bestrichenen Dinkelpizzateig kannst du nach Belieben belegen. Mein Vorschlag hier ist Tomate, Mozzarella, Rucola und Parmesan. Du kannst aber genauso Gouda im Thermomix® vorbereiten und dann mit Meeresfrüchten oder Salami oder Schinken oder was dein Kühlschrank hergibt, belegen. Versuche auch mal Ziegenfrischkäse und Birne. Schmeckt köstlich!

1. Als Erstes verarbeitest du für den Teig 250 g Dinkel im Mixtopf 1 Minute/ Stufe 10 zu Mehl, füllst dieses in eine separate Schüssel um und verarbeitest dann die restlichen 250 g Dinkel ebenso 1 Minute/ Stufe 10 zu Mehl. Fülle das Mehl zu dem anderen Mehl in die Schüssel.

2. Zerbrösele nun die Hefe in den Mixtopf und löse sie mit 20 g Wasser 2 Minuten/ 37°C/ Stufe 2 auf. Danach fügst du die restlichen 230 g Wasser, das Salz, den Honig und das Mehl hinzu und verrührst die Zutaten 3 Minuten/ Teigknetstufe zu einem Teig. Den Pizzateig füllst du anschließend in eine Schüssel um, formst ihn zu einer Kugel und lässt ihn mit einem Tuch abgedeckt an einer warmen Stelle gut 40 Minuten gehen.

3. Während der Teig geht, bereitest du den Sugo vor. Dafür wäschst du die Strauchtomaten und gibst 250 g davon, in Viertel geschnitten, in den Mixtopf.

4. Dann schälst und halbierst du die Schalotte und die Knoblauchzehe und gibst beides zusammen mit Tomatenmark, Kräutersalz und Olivenöl in den Mixtopf.

5. Nun zupfst du die Nadeln und Blätter von den Kräuterzweigen ab und gibst auch diese in den Mixtopf dazu. Verrühre dann alles 10 Sekunden/ Stufe 7 zu einem Sugo.

6. Heize den Backofen auf 220°C Ober-/ Unterhitze vor und belege ein Backblech mit Backpapier.

7. Rolle nach der Ruhezeit den Pizzateig auf dem vorbereiteten Backblech bis in alle Ecken dünn aus. Bestreiche den Teig anschließend mithilfe eines Esslöffels gleichmäßig mit dem Sugo. Du darfst nicht zu viel drauf streichen, da der Teig sonst nicht knusprig wird. Der Sugo muss den Teig bedecken, aber der Teig muss noch durchschimmern. Wenn etwas Sugo übrig bleibt, kannst du ihn als Dip verwenden.

8. Als Nächstes schneidest du den Mozzarella und die übrigen 200 g Tomaten in ca. 1 cm breite Scheiben und verteilst sie auf dem Pizzaboden. Jetzt geht die Pizza für 20 Minuten/ 220°C Ober-/Unterhitze ab in den vorgeheizten Backofen. Prüfe nach der Backzeit, ob sich der Teig am Rand vom Blech lösen lässt und knusprig genug ist, verlängere sonst gegebenenfalls die Backzeit um einige Minuten.

9. Nach dem Backen wäschst du den Rucola, tupfst ihn trocken und verteilst ihn auf der Pizza. Zu guter Letzt hobelst du nach Belieben Parmesan über die Pizza und servierst sie.

4 Portionen

45 Min.

mittel

SÜSSKARTOFFEL-HACKFLEISCHBULETTEN
MIT GEBRATENEM CHINAKOHL

Zubereitungszeit: 45 Minuten
Utensilien: große, beschichtete Pfanne
Zutaten für 4 Portionen

- 500 g Süßkartoffeln, geschält, in groben Stücken
- 500 g Wasser
- 15 g Koriander, frisch
- 15 g Schnittlauch, frisch
- 15 g Ingwer, geschält, in groben Stücken
- 500 g Bio-Rinderhackfleisch
- 2 Eier, Größe M
- 5 g Salz
- 1 gestr. TL Kreuzkümmel, gemahlen
- 1 gestr. TL Pfeffer
- 1 TL Paprikapulver, edelsüß
- 1200 g Chinakohl, in Stücken
- 1 ½ EL Sesamsamen
- 60 g Rapsöl
- 1–2 EL Sojasauce

Gerade Rindfleisch bietet uns ein Potpourri an wichtigen Mineralien und Nährstoffen und sogar Vitaminen, so dass es hin und wieder auf deinem Speiseplan stehen sollte. Hier nun als Fusion-Rezept – leichte Bulette mit asiatischem Touch.

1. Schäle die Süßkartoffeln, schneide sie in grobe Stücke und gib sie in das Garkörbchen. Gieße das Wasser in den Mixtopf und hänge das Garkörbchen ein. Gare dann darin die Süßkartoffelstücke 20 Minuten/ Varoma/ Stufe 1.

2. Stelle anschließend die Kartoffelstücke beiseite und lass sie abkühlen oder damit es schneller geht, schrecke sie mit kaltem Wasser ab. Die Süßkartoffelstücke dürfen zur weiteren Verwendung nur noch handwarm sein, da die Eier sonst zu schnell stocken.

3. Gieße das Garwasser ab und spüle den Mixtopf kalt aus.

4. Wasche den Koriander und den Schnittlauch und tupfe sie trocken. Schäle dann den Ingwer, schneide ihn in Stücke und gib 10 g von dem Ingwer zusammen mit Petersilie und Schnittlauch in den Mixtopf. Zerkleinere die Zutaten 3 Sekunden/ Stufe 8 und schiebe die Stücke mit dem Spatel nach unten.

5. Nun gibst du die Süßkartoffelstücke zurück in den Mixtopf und fügst auch Hackfleisch, Eier, Salz, Kreuzkümmel, Pfeffer und Paprikapulver hinzu. Verarbeite die Zutaten 3 Minuten/ Teigknetstufe zu einem Bulettenteig.

6. Währenddessen schneidest du den Chinakohl bis zum Strunk in ca. 2 cm dicke Streifen und halbierst diese nochmal quer. Sei nicht von der Menge überrascht, er fällt in der Pfanne sehr schnell zusammen. Wasche den Chinakohl und lass ihn abtropfen.

7. Als Nächstes röstest du in einer großen beschichteten Pfanne die Sesamsamen zwischen mittlerer und höchster Stufe an. Rühre sie dabei hin und wieder um, und wenn sie leicht bräunlich werden und zu duften beginnen, gibst du 30 g Rapsöl und die in kleine Stückchen geschnittenen übrigen 5 g Ingwer dazu. Gib dann die Chinakohlstücke nach und nach in die Pfanne dazu und brate alles an, der Chinakohl sollte noch Biss haben. Du wirst sehen, dass der Chinakohl schnell in sich zusammenfällt. Hebe die Mischung hin und wieder mit dem Pfannenwender um, schmecke sie abschließend nur noch mit 1–2 EL Sojasauce ab und stelle sie warm.

8. Aus dem Bulettenteig formst du 8 gleich große Buletten und brätst diese in einer heißen Pfanne mit 30 g Rapsöl langsam an. Wähle dabei die Stufe zwischen mittlerer und höchster Stufe, da das Brät durch die Süßkartoffel schnell anbrennen kann. Wende sie erst vorsichtig, wenn die eine Seite der Bulette schön kross und braun ist. Brate dann die zweite Seite auch kross an. Gare die Buletten auf niedriger Stufe etwa 5 Minuten, mit aufgesetztem Deckel weiter.

9. Serviere danach die Süßkartoffel-Hackfleischbuletten jeweils mit je einer guten Portion Chinakohl.

4–6 Portionen

25 Min.

mittel

KÜRBIS-KICHERERBSEN-BURGER

Zubereitungszeit: 25 Minuten
Zutaten für 4–6 Portionen

- 15 g Petersilie, frisch
- 1 Zwiebel, geviertelt
- 350 g Hokkaidokürbis, in groben Stücken
- 15 g Olivenöl
- 1 Dose Kichererbsen, ca. 265 g Abtropfgewicht
- 1 Ei, Größe M
- 100 g Haferflocken
- ¼ TL Kreuzkümmel, gemahlen
- ¼ TL Pfeffer
- ½ TL Paprikapulver
- 5 g Kräutersalz, s. S. 24
- Butterschmalz oder Öl zum Braten

Hier nun das Rezept für die „Frikadelle". Backe als Brötchen am besten Kamutbrötchen und „baue" dir deine eigenen Burger nach Lust und Laune. Zum Beispiel mit Salat, frischen Zwiebeln, Essiggurke, Tomate und als Saucen kannst du Majo, Ajvar, Senf oder Tomatenchutney verwenden, damit wird der Burger besonders geschmackvoll. Die meisten Rezepte findest du in diesem Buch.

1. Zuerst wäschst du die Petersilie, tupfst sie trocken und gibst sie in den Mixtopf. Dann schälst du die Zwiebel und schneidest sie in Viertel in den Mixtopf. Entkerne den Kürbis und schneide ihn in nicht zu große Stücke. Gib die Kürbisstücke in den Mixtopf und zerkleinere die Zutaten 15 Sekunden/ Stufe 6. Schiebe die Stücke mit dem Spatel nach unten und gieße das Olivenöl ein. Dünste nun die Mischung 7 Minuten/ Varoma/ Stufe 1 und lass diese anschließend 10 Minuten abkühlen, da das Ei aus Schritt 2 sonst stockt.

2. Danach gibst du die abgetropften Kichererbsen, das Ei, die Haferflocken, den Kreuzkümmel, den Pfeffer, das Paprikapulver und das Kräutersalz hinzu und vermischst alles 10 Sekunden/ Stufe 5.

3. Fülle anschließend die Frikadellenmasse in eine Schüssel um und stelle sie im Kühlschrank kalt. Wenn die Masse gekühlt ist, lassen sich die Frikadellen besser und leichter formen.

4. Nach der Kühlzeit formst du mit feuchten Händen aus der Masse je nach Größe deiner Brötchen passend 4–6 Frikadellen und brätst diese in einer heißen Pfanne mit etwas Butterschmalz oder Öl von beiden Seiten kross an.

5. Jetzt kannst du deine Burger nach Belieben kreieren und genießen!

mixtipp
Falls der Teig zu flüssig sein sollte, mische einfach noch 1 EL Haferflocken unter.

1 Backblech

45 Min.

mittel

PIZZABLECHKUCHEN

Zubereitungszeit: 10 Minuten
Backzeit: 35 Minuten, 200°C Umluft
Utensilien: tiefes Backblech und -papier oder Backform
Zutaten für 1 Blech

- 200 g Gouda, in groben Stücken, alternativ Emmentaler
- 1 Zwiebel, geviertelt
- 50 g Frühlingszwiebeln, in Stücken
- 1 Paprika, in groben Stücken
- 5 g frische Oreganoblättchen
- 150 g Tomaten
- 400 g Hüttenkäse
- 30 g Mandelmehl, alternativ gemahlene Mandeln
- 4 Eier, Größe M
- 5 g Kräutersalz, s. S. 24
- ½ gestr. TL Pfeffer
- 10 g Olivenöl
- 9 Lorbeerblätter zum Garnieren

Pizza trifft Käsekuchen – neugierig? Ich sag nur yummi…

1. Zuerst gibst du den Käse in groben Stücken in den Mixtopf, zerkleinerst ihn 15 Sekunden/ Stufe 5 und füllst die Käseraspel in eine große Schüssel um.

2. Schäle die Zwiebel, viertele sie und gib sie in den Mixtopf. Die Frühlingszwiebel wäschst du, befreist sie von den Wurzelansätzen und schneidest sie in ca. 5 cm breite Stücke. Gib die Stücke in den Mixtopf und zerkleinere beide Zutaten 5 Sekunden/ Stufe 5. Fülle die Mischung anschließend in die Schüssel zu dem Käse.

3. Nun wäschst und entkernst du die Paprika und gibst sie in Stücken in den Mixtopf. Zerkleinere sie darin 5 Sekunden/ Stufe 5. Für die Optik ist es schön, wenn du Paprika in zwei Farben verwendest, nimm dann jeweils eine halbe Paprika von jeder Farbe.

4. Als Nächstes wäschst du Oregano und Tomaten und zerkleinerst beides im Mixtopf 3 Sekunden/ Stufe 4.

5. Die vorbereiteten Zutaten aus der Schüssel gibst du nun zusammen mit Hüttenkäse, Mandelmehl, Eiern, Kräutersalz, Pfeffer und Olivenöl zurück in den Mixtopf und verrührst alles 1 ½ Minuten/ Teigknetstufe.

6. Heize währenddessen den Backofen auf 200°C Umluft vor und belege ein Backblech mit Backpapier.

7. Verteile nun mithilfe des Spatels den Teig gleichmäßig auf das Backblech, belege den Teig mit den Lorbeerblättern und backe den Kuchen im vorgeheizten Backofen 35 Minuten/ 200°C Umluft. Der Pizzakuchen ist fertig, wenn die Ränder leicht bräunlich werden und er sich leicht vom Backpapier löst. Verlängere also gegebenenfalls die Backzeit um ein paar Minuten.

mixtipp
Der Pizzakuchen ist sowohl
warm als auch kalt
ein Genuss!

4 Portionen

30 Min.

mittel

RÖMISCHES GETREIDE-„RISOTTO“

Zubereitungszeit: 30 Minuten
Zutaten für 4 Portionen

- 100 g Parmesan, in groben Stücken
- 1 Zwiebel, geviertelt
- 250 g Rote Bete, vorgegart, in Stücken
- 250 g Emmer, alternativ Dinkelkörner
- 35 g Olivenöl
- 5 g Apfelessig
- 500 g Wasser
- 15 g gekörnte Gemüsebrühe, s. S. 22
- 8 Pflaumen, entkernt, geviertelt
- 20 g Alsan, alternativ Butter
- 1 TL Kokosblütenzucker

Ich nutze gerne schon vorgegarte Rote Bete, die es eingeschweißt im Handel gibt. Da es sich hier um das reine Produkt ohne Zusatzstoffe handelt, passt es trotz Convenience gut zu Clean Eating. Falls du die Rote Bete lieber selbst zubereiten möchtest, findest du die Anleitung auf S. 50 beim „Gelbe-Bete-Carpaccio“.

Aus alten Getreidesorten wie Emmer, Kamut oder Dinkel lassen sich auch herrliche „Risotti“ zaubern. Ich schlage hier eine Variante mit Roter Bete vor, du kannst aber kreativ sein und von Pilz- über Salbei- bis Rosmarinrisotto alles zubereiten. Dafür kannst du einfach mit Zutaten spielen und sie durch andere ersetzen.

1. Parmesanstücke in den Mixtopf geben und 10 Sekunden/ Stufe 7,5 zerkleinern, umfüllen und den Mixtopf ausspülen.

2. Zwiebelviertel und Rote Bete Stücke in den Mixtopf geben und 5 Sekunden/ Stufe 5 zerkleinern.

3. Emmer sowie Öl und Essig zufügen und 3 Minuten/ Varoma/ Linkslauf/ Stufe 1 anschwitzen.

4. Wasser und gekörnte Brühe einfüllen und 25 Minuten/ 100°C/ Linkslauf/ Stufe 1 ohne Messbecher köcheln lassen.

5. Während das „Risotto“ köchelt, schwitze die geviertelten Pflaumen mit 1 TL Alsan und Kokosblütenzucker in einer Pfanne kurz an. Gib, wenn die Pflaumen zu braten beginnen, einen Schuss Wasser hinzu und wenn die Flüssigkeit verdampft ist einen weiteren Schuss Wasser, bis das gewünschte Ergebnis erreicht ist. Sie sollen etwas weich werden, aber noch Biss haben.

6. Prüfe nun ob dein „Risotto“ für dich den richtigen Biss hat, lass es sonst noch ein paar Minuten weiter köcheln und gib, wenn nötig noch einen Schuss Wasser hinzu. Hebe dann das restliche Alsan und 25 g Parmesan mit dem Spatel unter. Serviere den restlichen Parmesan und die gedünsteten Pflaumen zum Essen, damit sich jeder nach Gusto bedienen kann.

mixtipp
Salz ist in der Regel nicht nötig, da dieses schon in der Brühe enthalten ist und der Parmesan von sich aus schon etwas salzig ist.

4 Portionen

15 Min.

mittel

SPARGELCARBONARA

Zubereitungszeit: 15 Minuten
Zutaten für 4 Portionen

1000 g grüner Spargel, geschält, in mundgerechten Stücken (ungeschält gut 1300 g)
75 g Parmesan, in groben Stücken
100 g Südtiroler Schinkenspeck, in groben Stücken
2 Eier, Größe M
250 g Sojasahne, z.B. Alpro Soya Cuisine, alternativ Sahne
¼ TL Pfeffer
10 g Butterschmalz

Dies ist ein ganz fixes Spargelgericht! Die ungewöhnliche Kombination aus grünem Spargel mit klassischer Carbonara-Sauce überrascht und verwöhnt den Gaumen ganz besonders.

1. Schäle das untere, meist etwas holzige Ende des Spargels und schneide gut ½ cm unten ab. Schneide dann den Spargel in mundgerechte Stücke.

2. Gib den Parmesan in groben Stücken in den Mixtopf und zerkleinere ihn 10 Sekunden/ Stufe 10.

3. Befreie den Speck von der Schwarte und schneide diesen auch in grobe Stücke. Gib die Speckstücke zum Parmesan in den Mixtopf und zerkleinere beides 5 Sekunden/ Stufe 8.

4. Füge nun auch Eier, Sojasahne und Pfeffer hinzu und vermische alles 25 Sekunden/ Stufe 2.

5. Als Nächstes brätst du die Spargelstücke in einer heißen Pfanne mit Butterschmalz an, bis sie leicht bräunlich und weich werden, aber noch Biss haben. Reduziere dann die Temperatur und verteile die Carbonara-Sauce über dem Spargel in der Pfanne. Hebe diese gleichmäßig unter und lass das Ei kurz stocken bzw. den Parmesan schmelzen. Einfach lecker!

4 Portionen

1 h 20 Min.

mittel

SPINATKNÖDEL

Zubereitungszeit: 50 Minuten
Ruhezeit: 30 Minuten
Zutaten für 4 Portionen

- 450 g Spinat, frisch
- 50 g Parmesan, in groben Stücken
- 1 Knoblauchzehe
- 3 Eier, Größe M
- 250 g Haferflocken
- 250 g Magerquark
- 5 g Salz
- ¼ TL Pfeffer
- 1 Prise Muskat
- Alsan, zerlassen, nach Belieben, alternativ Butter

In wenigen Schritten zauberst du ein besonders schmackhaftes Gericht. Vorsicht! Die Spinatknödel haben die Tendenz zum Lieblingsgericht.

1. Zuerst wäschst und putzt du den Spinat. In einem großen Topf kochst du Wasser mit etwas Salz auf und blanchierst kurz den Spinat darin. Wenn die Blätter beginnen zusammenzufallen, gießt du den Spinat in ein Sieb ab und spülst ihn mit kaltem Wasser. Lass den Spinat danach sehr gut abtropfen und drücke das Wasser vorsichtig aus.

2. Gib nun den Parmesan in groben Stücken in den Mixtopf und zerkleinere ihn 6 Sekunden/ Stufe 8. Fülle den zerkleinerten Parmesan in eine Schale um und stelle ihn beiseite.

3. Schäle den Knoblauch, gib diesen mit dem Spinat in den Mixtopf und zerkleinere die Zutaten 10 Sekunden/ Stufe 6.

4. Füge Eier, Haferflocken, Magerquark, Salz, Pfeffer und Muskat hinzu und verknete den Knödelteig 2 Minuten/ Teigknetstufe. Fülle anschließend den Teig in eine Schüssel um und lass diesen im Kühlschrank eine gute halbe Stunde ruhen. Dieser Schritt ist wichtig, damit die Knödel im Wasser nicht zerfallen.

5. Nach der Ruhezeit kochst du Salzwasser in einem großen Topf auf. Währenddessen formst du mit feuchten Händen Knödel aus dem Teig. Diese sollten einen Durchmesser von ca. 5–6 cm haben.

6. Lass die Spinatknödel nun mit einem Schaumlöffel in das siedende Wasser gleiten und reduziere die Hitze auf die mittlere Stufe. Das Wasser darf nur etwas wallen, nicht richtig kochen. Nach ca. 25 Minuten sind die Knödel gar und können mit etwas zerlassener Butter oder Alsan serviert werden. Jeder kann nun nach Gusto noch Parmesanstreusel darüber verteilen.

4 Portionen

20 Min.

mittel

STECKRÜBENRÖSTI
MIT KRÄUTERQUARK

Zubereitungszeit: 20 Minuten
Zutaten für 4 Portionen

Für die Röstimasse:

- 1 Zwiebel, geviertelt
- 500 g Steckrübe, geschält, in Stiften
- 50 g Vollkornmaismehl
- 5 g Salz
- 2 Eier, Größe M
- 1 TL Paprikapulver, edelsüß
- ¼ TL Kreuzkümmel, gemahlen
- ¼ gestr. TL Pfeffer
- Butterschmalz zum Braten

Für den Kräuterquark:

- 1 Knoblauchzehe
- 15 g Petersilie
- 15 g Schnittlauch
- 500 g Magerquark
- 5 g Kräutersalz, s. S. 24
- ½ gestr. TL Pfeffer

Steckrübe ist nicht nur sehr delikat als Suppe, sondern du kannst sie nahezu für alle Rezepte, die mit Kartoffeln funktionieren, nutzen: Egal, ob Steckrübenbratkartoffeln, Steckrübengratin, Steckrübenstampf oder eben auch Rösti.

1. Schäle und viertele die Zwiebel und gib sie in den Mixtopf. Dann schälst du auch die Steckrübe, schneidest sie in Stifte und gibst auch diese in den Mixtopf. Zerkleinere nun beide Zutaten 12 Sekunden/ Stufe 5. Wenn noch größere Stücke zu sehen sind, verlängere die Einstellung um ein paar Sekunden. Die Steckrübenstücke sollten etwas größer als Reiskörner sein.

2. Füge Vollkornmaismehl, Salz, Eier, Paprikapulver, Kreuzkümmel und Pfeffer hinzu und vermenge die Zutaten 2 Minuten/ Teigknetstufe. Fülle den Teig in eine Schüssel um und reinige den Mixtopf gründlich.

3. Forme aus dem Teig ca. 8 cm große Rösti, die ca. 2 cm dick sind, und brate diese in einer heißen Pfanne mit Butterschmalz von beiden Seiten kross an. Nutze nur ca. ⅔ Hitze, damit die Rösti außen goldbraun, aber innen durch werden.

4. Während die Steckrübenrösti braten, bereitest du den Kräuterquark zu. Dafür schälst du den Knoblauch, wäschst die Kräuter und gibst die Zutaten zusammen in den Mixtopf. Zerkleinere die Zutaten dann 5 Sekunden/ Stufe 8 und schiebe die Stücke mit dem Spatel nach unten.

5. Gib auch Magerquark, Kräutersalz und Pfeffer hinzu und vermische alles 10 Sekunden/ Stufe 4.

6. Serviere die Steckrübenrösti je mit einem guten Klecks Kräuterquark.

4 Portionen

45 Min.

mittel

VOLLKORNNUDELN
MIT BELUGALINSENSUGO & JOGHURT-TOPPING

Zubereitungszeit: 45 Minuten
Zutaten für 4 Portionen

- 15 g frische Minzblätter
- 2 Knoblauchzehen
- 150 g Naturjoghurt
- 1 Prise Salz
- Zitronensaft, nach Belieben
- 1 Zwiebel, geviertelt
- 20 g Olivenöl
- 400 g kleine Rispentomaten
- 500 g Wasser
- 15 g gekörnte Gemüsebrühe, s. S. 22
- 200 g Belugalinsen
- 20 g Honig
- 5–10 g Harissapaste (marokkanische Gewürzpaste)
- 500 g Vollkornnudeln

Belugalinsen sind ungeschält und passen somit hervorragend zur Clean Eating-Philosophie. Sie eignen sich nicht nur als Beilage oder zur Zubereitung von Suppen, sondern auch als „Fleischersatz" in einem leckeren Sugo für Nudelgerichte. Bereite am besten zuerst das Minz-Joghurt-Topping vor, da es durchgezogen noch besser schmeckt.

1. Dafür befreist du die Minzblätter von den dicken Stängeln, schälst den Knoblauch und zerkleinerst beide Zutaten im Mixtopf 5 Sekunden/ Stufe 8. Schiebe mit dem Spatel die Stücke nach unten und füge Joghurt, Salz und nach Belieben ein paar Spritzer Zitronensaft hinzu. Verrühre dann das Topping 20 Sekunden/ Stufe 5, fülle es in ein Schälchen um und stelle es bis zu seiner Nutzung in den Kühlschrank.

2. Reinige den Mixtopf gründlich.

3. Als Nächstes schälst und viertelst du die Zwiebel und zerkleinerst sie im Mixtopf 5 Sekunden/ Stufe 5. Schiebe die Stücke mit dem Spatel nach unten und gieße das Olivenöl ein. Schwitze die Zwiebelstücke darin 3 Minuten/ Varoma/ Stufe 1 an.

4. Wasche in der Zwischenzeit die Rispentomaten und gib sie ganz in den Mixtopf dazu. Vermische die Zutaten nun 5 Sekunden/ Stufe 5.

5. Danach gibst du Wasser, gekörnte Brühe, Linsen, Honig und Harissa dazu und kochst die Mischung 35 Minuten/ 100°C/ Linkslauf/ Stufe 1 auf. Wer es gerne scharf mag, nimmt 10 g Harissa, wenn es „nur" würzig werden soll 5 g.

6. Je nach Garzeit der Nudeln kochst du vor Ende der Kochzeit der Linsen die Nudeln in einem separaten Topf nach Packungsanweisung.

7. Zum Schluss verteilst du die Nudeln auf die Teller und servierst sie mit dem Sugo und je einem gut gehäuften EL Joghurt-Topping. Die Harissa-Würzmischung und das Joghurt-Topping machen aus diesem Gericht einen geschmacklichen Ausflug in Tausend und eine Nacht.

4 Portionen

1 h 10 Min.

schwer

WELSNOCKEN AUF MÖHREN-INGWER-SAUCE MIT BUNTEM QUINOA

Zubereitungszeit: 1 Stunde 10 Minuten
Zutaten für 4 Portionen

½ altes Brötchen
250 g Sojasahne, z.B. Alpro Soya Cuisine, alternativ Sahne
500 g frisches Welsfilet, in Stücken
5 g Kräutersalz, s. S. 24 + 5 g Salz
20 g Zitronensaft
½ gestr. TL Pfeffer
15 g Maisstärke
150 g Möhren, geschält, in Stücken
40 g Ingwer, geschält, in Stücken
5 g Kokosblütenzucker
250 g Wasser
15 g gekörnte Gemüsebrühe, s. S. 22
1 Knoblauchzehe
½ Apfel, entkernt, in Stücken
½ gestr. TL Currypulver
30 g Alsan, alternativ Butter
910 g Wasser
125 g bunte Quinoa
Petersilienblätter, nach Belieben

Das schöne frische Welsfilet auf diese Art und Weise zubereitet, ist nicht nur ein erlesenes Sonntagsessen, sondern lässt sogar Kinder, die bei Fisch auf dem Tisch oft „differenziert" reagieren, schlemmen.

1. 15 Minuten vor dem Kochen lässt du das Brötchen gut einweichen. Dafür zupfst oder bröckelst du das alte Brötchen in Stücke und gibst es mit der Sojasahne in ein Schälchen. So kann es die Sahne aufnehmen.

2. In der Zwischenzeit wäschst du die Welsfilets und schneidest sie in grobe Stücke.

3. Nach dem Einweichen gibst du das eingeweichte Brötchen in ein Sieb und fängst dabei die Sojasahne auf. Drücke die Sahne mit einem Löffelrücken etwas heraus.

4. Als Nächstes zerkleinerst du die Welsstücke im Mixtopf 15 Sekunden/ Stufe 8 und fügst eingeweichte Brötchen, Kräutersalz, Zitronensaft, Pfeffer und Stärke hinzu. Vermische nun die Zutaten 15 Sekunden/ Stufe 6. Fülle das Fischbrät in eine Schüssel um und stelle es abgedeckt im Kühlschrank kalt.

5. Reinige den Mixtopf gründlich und bereite die Sauce zu.

6. Für die Sauce schälst du die Möhren, schneidest sie in grobe Stücke und gibst sie in den Mixtopf. Schäle auch den Ingwer und gib ihn in Stücken in den Mixtopf. Zerkleinere nun beide Zutaten 6 Sekunden/ Stufe 6. Schiebe die Stücke mit dem Spatel nach unten.

7. Gib den Kokosblütenzucker dazu und schwitze die Mischung 3 Minuten/ Varoma/ Stufe 1 an. Danach gibst du Wasser und 5 g gekörnte Brühe hinzu und kochst die Mischung 20 Minuten/ 90°C/ Stufe 1.

8. Währenddessen schälst du den Knoblauch, entkernst den Apfel und gibst beide Zutaten in Stücken zusammen mit der aufgefangenen Sojasahne, Currypulver, Salz und 25 g Alsan in den Mixtopf. Püriere nun die Zutaten 25 Sekunden/ Stufe 10 und fülle die Sauce in einen separaten Kochtopf. Halte die Sauce auf niedriger Stufe darin warm.

9. Nun bereitest du die Welsnocken zu. Dafür stichst du mithilfe eines Esslöffels Nocken aus dem Fischbrät und drückst diese mit der Hand etwas an. Die Nocken sollten je einen doppelten EL groß sein, somit erhältst du etwa 12 Nocken. Fette den Varoma-Einlegeboden mit etwas Alsan oder Butter ein, setze diesen im Varoma ein und verteile darauf die Nocken.

10. Anschließend gießt du 750 g Wasser und 5 g gekörnte Brühe in den Mixtopf, verschließt diesen mit dem Mixtopfdeckel, aber ohne den Messbecher aufzusetzen, und positionierst den verschlossenen Varoma auf dem Mixtopfdeckel. Gare nun die Welsnocken 25 Minuten/ Varoma/ Stufe 2.

11. Während der Fisch gar zieht, bereitest du die bunte Quinoa zu. Nimm dazu am besten eine mittelgroße Pfanne, gib die Quinoa ohne Fett hinein und röste sie unter gelegentlichem Rühren kurz an. Wenn sie zu springen beginnt, löschst du sie mit 160 g Wasser ab und gibst 5 g gekörnte Brühe dazu. Koche dann die Quinoa auf kleiner Flamme, bis sie das Wasser aufgesogen hat. Achte dabei darauf, dass du sie immer wieder umrührst. Probiere anschließend ob die Quinoa für deinen Geschmack weich genug ist, gib gegebenenfalls noch einen Schuss Wasser hinzu und lass sie einige Minuten weiterquellen. Danach rührst du noch die übrigen 5 g Alsan und ein paar Blätter Petersilie unter und schmeckst die Mischung mit etwas Salz ab.

12. Richte die Welsnocken nun auf einem Saucenspiegel der Karotten-Ingwer-Sauce und einem guten Häufchen Quinoa an.

4 Portionen

40 Min.

leicht

SAUERKRAUT-PAPRIKATOPF

Zubereitungszeit: 40 Minuten
Zutaten für 4 Portionen

2–3 Paprika, entkernt, in groben Stücken
1 Zwiebel, halbiert
1 gestr. TL Kümmel, gemahlen
35 g Rapsöl
400 g Grobe Bio-Bratwurst, ungebrüht!
50 g Tomatenmark
800 g Sauerkraut
150 g Ajvar, s. S. 28
5 g Salz
25 g gekörnte Gemüsebrühe, s. S. 22
15 g Erythrit
400 g Wasser

Dies ist eine ungarische Interpretation des deutschen Klassikers „Bratwurst mit Sauerkraut". Einfach und köstlich oder einfach köstlich!

1. Wasche und entkerne die Paprika und schneide sie in grobe Stücke. Schäle auch die Zwiebel, halbiere sie und gib sie mit den Paprikastücken in den Mixtopf. Zerkleinere beide Zutaten 6 Sekunden/ Stufe 4 und schiebe die Stücke mit dem Spatel nach unten.

2. Gib den Kümmel und das Rapsöl hinzu und schwitze die Gemüsestücke 4 Minuten/ Varoma/ Stufe 1 an.

3. Drücke die Bratwurst nun aus dem Darm und gib sie in den Mixtopf. Füge auch das Tomatenmark hinzu und dünste die Mischung nun 5 Minuten/ 100°C/ Linkslauf/ Stufe 1.

4. Als Nächstes spülst du das Sauerkraut aus, lässt es abtropfen und gibst es zusammen mit Ajvar, Salz, gekörnter Brühe, Erythrit und Wasser in den Mixtopf dazu und kochst alle Zutaten 30 Minuten/ 100°C/ Stufe 1.

4 Portionen

35 Min.

mittel

SALBEIHÄHNCHENBRUST
MIT TOMATISIERTEM SPINAT

Zubereitungszeit: 35 Minuten
Zutaten für 4 Portionen

- 1000 g Blattspinat, frisch, alternativ gleiche Menge TK
- 2 rote Zwiebeln, geviertelt
- 2 große Rispentomaten, geviertelt
- 2 Knoblauchzehen
- 30 g Olivenöl
- 1 Prise Muskat
- Kräutersalz, nach Belieben, s. S. 24
- Pfeffer, nach Belieben
- 800 g Bio-Hähnchenbrustfilets
- 500 g Wasser
- 8–10 Salbeiblätter, frisch
- 1 Bio-Zitrone

Durch den geringen Fettanteil kombiniert mit hochwertigen Eiweißen, Vitaminen und Mineralstoffen hat Hähnchenfleisch eine ideale Zusammensetzung an Inhaltsstoffen, die für unseren Organismus wichtig sind. Im Varoma, nur durch Dampf gegart, wird dein Fleisch sehr saftig und zart und von den Salbei-Aromen umschmeichelt. Gesunder Spinat mit Tomaten ergänzen das leckere Mahl wunderbar.

1. Wenn du gefrorenen Spinat verwendest, lässt du ihn über Nacht im Kühlschrank auftauen und drückst vor der Zubereitung das Wasser gut aus. Nutzt du frischen Spinat, wäschst du diesen und erhitzt in einem Kochtopf reichlich Wasser mit etwas Salz. Wenn das Wasser kocht, blanchierst du darin den Spinat. Wenn die Blätter beginnen, zusammenzufallen, gießt du den Spinat in einem Sieb ab und spülst ihn mit kaltem Wasser ab. Lass den Spinat anschließend ebenfalls sehr gut abtropfen.

2. Schäle nun die Zwiebel, viertele sie und gib sie in den Mixtopf. Wasche die Tomaten, befreie sie vom Strunkansatz und gib sie auch in Vierteln in den Mixtopf dazu. Schäle dann die Knoblauchzehen und gib sie ebenfalls in den Mixtopf. Zerkleinere nun die Zutaten 4 Sekunden/ Stufe 5 und schiebe die Stücke mit dem Spatel nach unten.

3. In einer Pfanne erhitzt du das Olivenöl und gibst den Zwiebel-Tomaten-Knoblauch-Mix aus dem Mixtopf hinzu. Wenn die Flüssigkeit verdampft ist, gibst du den Spinat dazu und lässt ihn langsam auf niedriger Hitze 3 Minuten köcheln. Rühre ihn dabei hin und wieder um und würze ihn mit Muskat, Kräutersalz und Pfeffer.

4. Während der Spinat köchelt, schneidest du zuerst das Innenfilet aus den Hähnchenbrüsten, schneidest die Brüste erst längs und halbierst sie dann quer. Verteile die Hähnchenstücke auf dem Varoma-Einlegeboden.

5. Als Nächstes füllst du das Wasser und etwas Kräutersalz in den Mixtopf, verschließt diesen mit dem Mixtopfdeckel, aber ohne den Messbecher einzusetzen und positionierst darauf den Varoma. Setze den Varoma-Einlegeboden mit dem Fleisch in den Varoma ein und verteile die Salbeiblätter zwischen die Bruststücke. Würze dann das Fleisch mit Kräutersalz und Pfeffer.

6. Nun halbierst du die Zitrone und quetschst den Saft von einer Zitronenhälfte über die Hähnchenbrust. Die andere Zitronenhälfte schneidest du in Scheiben und verteilst sie auf das Fleisch.

7. Verschließe jetzt den Varoma und gare das Salbeihähnchen 20 Minuten/ Varoma/ Stufe 1. Danach servierst du die Salbeihähnchenstücke mit dem tomatisierten Spinat.

4 Portionen

1 h 25-35 Min.

schwer

LENDE IM TEIGMANTEL
MIT SPARGEL

Zubereitungszeit: 25 Minuten
Ruhezeit: 30 Minuten
Backzeit: 30–40 Minuten, 180°C Ober-/Unterhitze
Utensilien: Backblech und 2 Backpapiere
Zutaten für 4 Portionen

- 1500 g Spargel, weiß, geschält
- 250 g Dinkelkörner
- 250 g Emmerkörner
- 1 Würfel Frischhefe
- 270 g Wasser, lauwarm
- 5 g Sojasauce
- 5 g Brotgewürz, s. S. 25
- 10 g Kokosblütenzucker
- 10 g Salz
- 1 große Zwiebel, geviertelt
- 20 g Alsan, alternativ Butter
- 250 g Champignons, geputzt
- 15 g Petersilie, frisch
- 5 g Majoran, oder Oregano
- 5 g Kräutersalz, s. S. 24
- ½ gestr. TL Pfeffer
- 1 Ei, Größe M
- 750 g Wasser
- Saft von einer ½ Zitrone
- 1 Bio-Lende, vom Schwein

Um die feine Lende schön saftig zu garen, „ziehe" ihr einen Mantel aus leckerem Brotteig mit Pilzfarce an. Mit Spargel serviert ist dies ein köstliches Sonntagsessen. Wenn du magst, serviere noch eine Sauce Hollandaise dazu.

1. Zuerst schälst du den Spargel und stellst ihn beiseite. Zermahle für den Teig die Dinkelkörner im Mixtopf 60 Sekunden/ Stufe 10 zu Mehl und fülle diese in eine Schüssel um. Danach zermahlst du auch die Emmerkörner 60 Sekunden/ Stufe 10 und füllst sie auch in die Schale zu dem Dinkelmehl.

2. Löse nun den Hefewürfel in 10 g von dem lauwarmen Wasser zusammen mit der Sojasauce im Mixtopf 2 Minuten/ 37°C/ Stufe 1 auf.

3. Hebe dir 2–3 EL Mehlmischung auf und gib den Rest in den Mixtopf dazu. Gib auch Brotgewürz, Kokosblütenzucker, 5 g Salz und die übrigen 260 g Wasser in den Mixtopf und verrühre die Zutaten 3 Minuten/ Teigknetstufe zu einem Teig. Fülle den Teig in eine Schüssel und lass ihn zugedeckt an einem warmen Ort 30 Minuten gehen.

4. Währenddessen schälst du die Zwiebel, viertelst sie und zerkleinerst sie im Mixtopf 5 Sekunden/ Stufe 5. Schiebe die Stücke mit dem Spatel nach unten und füge Alsan hinzu. Schwitze darin die Zwiebelstücke 2 Minuten/ Varoma/ Stufe 1 an.

5. Putze die Champignons und gib diese zusammen mit Petersilie, Majoran, Kräutersalz, Pfeffer und Ei in den Mixtopf. Zerkleinere dann die Zutaten 10 Sekunden/ Stufe 3 zu einer Pilzfarce.

6. Heize den Backofen auf 180°C Ober-/Unterhitze vor. Als Nächstes rollst du den Teig auf einem Bogen Backpapier aus und bestäubst ihn mit etwas Mehl, so kannst du ihn leichter ausrollen. Passe den Teigfladen dabei der Größe der Lende an. Der Teig muss sich darum schließen können, aber du solltest ihn nicht zu weit zum Rand des Backpapiers ausrollen.

7. Die Pilzfarce verteilst du nun mithilfe des Spatels auf den Teig. Achte dabei darauf, dass die Teigränder einige Zentimeter frei bleiben. Lege dann die gewaschene und, wenn nötig, von Sehnen befreite Lende mittig auf den Teig und schlage die Lende rund herum mithilfe des Backpapiers wie ein Geschenk ein. Lege danach den zweiten Backpapierbogen darüber und schlage die Lende nochmal, nur umgekehrt ein. Danach legst du das „Lendenpäckchen" auf ein Backblech, so dass sich das Backpapier nicht öffnen kann und backst es im vorgeheizten Backofen 30–40 Minuten/ 180°C Ober-/Unterhitze. Klopfe nach 30 Minuten Backzeit auf den Brotteig. Wenn er hohl und fest klingt, ist die Lende fertig, ansonsten verlängerst du die Backzeit um einige Minuten.

8. Während der Backzeit kannst du den Spargel im Varoma zubereiten. Dafür gießt du das Wasser mit den übrigen 5 g Salz in den Mixtopf, verschließt diesen mit dem Mixtopfdeckel, aber ohne den Messbecher einzusetzen, und positionierst darauf den Varoma. Verteile den Spargel im Varoma und beträufle ihn mit Zitronensaft. Danach verschließt du den Varoma und garst den Spargel darin 40 Minuten/ Varoma/ Stufe 2. Der Spargel und die Lende sollten zeitgleich fertig sein. Lass die Lende nach dem Backen kurz ruhen und schneide sie in Scheiben. Serviere diese dann mit je einer Portion Spargel.

4 Portionen

1 h
35 Min.

schwer

KOHLSTRUDEL

Zubereitungszeit: 35 Minuten
Ruhezeit: 30 Minuten
Backzeit: 30 Minuten, 170°C Umluft
Utensilien: Strudeltuch oder Silikonmatte, Backblech und -papier
Zutaten für 4 Portionen

Für den Teig:

- 250 g Emmerkörner
- 25 g Rapsöl + zum Bepinseln
- 5 g Salz
- 5 g Essig
- 150 g Wasser, lauwarm

Für die Füllung:

- 1000 g Weißkohl
- 1 Zwiebel, geviertelt
- 40 g Alsan, weich, in Stücken, alternativ Butter
- 5 g Salz
- 5 g Kokosblütenzucker
- 1 gestr. TL Kümmel, gemahlen
- 1 gestr. TL Pfeffer
- 1 Ei, Größe M

Der Strudelteig ist nicht nur für diesen Kohlstrudel einsetzbar. Du kannst ihn auch für einen leckeren Apfelstrudel verwenden. Ersetze einfach die Kohlfüllung durch 1000 g Apfelwürfel mit Goji-Beeren und füge etwas Kokosblütenzucker hinzu.

1. Zermahle zunächst für den Teig den Emmer im Mixtopf 1 Minute/ Stufe 10 zu Mehl.

2. Füge dann Rapsöl, Salz, Essig und Wasser hinzu und verarbeite die Zutaten 2 Minuten/ Teigknetstufe zu einem Teig. Danach nimmst du den Strudelteig aus dem Topf, bepinselst ihn mit etwas Rapsöl und formst ihn zu einer Kugel. Lass die Teigkugel zugedeckt an einem warmen Ort 30 Minuten ruhen.

3. Nun wäschst du für die Füllung den Weißkohl, befreist ihn von den äußeren Blättern und dem Strunk und schneidest ihn in grobe Stücke. Zerkleinere zuerst 500 g Weißkohlstücke im Mixtopf 8 Sekunden/ Stufe 4 und fülle sie in eine Schale um. Danach gibst du die übrigen 500 g Weißkohlstücke in den Mixtopf, schälst die Zwiebel und gibst auch diese geviertelt in den Mixtopf dazu. Zerkleinere die Zutaten wiederum 8 Sekunden/ Stufe 4. Manchmal „klemmen" Kohlstücke im Messer. Falls das geschieht, verlängerst du einfach die Einstellung um ein paar Sekunden und nimmst den Spatel zur Hilfe.

4. Gib Alsan, Salz, Kokosblütenzucker, Kümmel und Pfeffer in den Mixtopf dazu und verteile darüber die zerkleinerten Kohlstücke aus der Schale. Koche nun die Mischung 25 Minuten/ 100°C/ Linkslauf/ Stufe 1 weich. Die ersten Minuten passiert nicht viel im Topf. Drücke immer wieder den Kohl mit dem Spatel durch die Deckelöffnung nach unten. Nach der Kochzeit füllst du die Mischung in eine Schale und lässt sie abkühlen, bis die Füllung nur noch handwarm ist.

5. Heize den Backofen auf 170°C Umluft vor und belege ein Backblech mit Backpapier.

6. Bestäube den Strudelteig sowie das Tuch oder die Matte mit etwas Mehl und rolle den Teig sehr dünn in rechteckiger Form aus (ca. 45 x 25 cm).

7. Verteile die Kohlfüllung mittig auf dem Teig. Es muss so viel Platz an den Teigrändern frei bleiben, dass der Teig ganz um die Füllung geschlagen werden kann.

8. Verquirle in einem Schälchen das Ei und bestreiche damit die Teigränder. Lege mithilfe der Unterlage nun vorsichtig erst die eine Seite über die Füllung und dann die andere. Drücke diese ganz vorsichtig fest und verschließe die beiden Seiten. Danach legst du den Strudel vorsichtig von der Unterlage auf das Backpapier, so dass die Seite mit der Teignaht nach unten auf dem Backblech liegt. Falls der Strudel kleine Risse bekommt, ist das nicht so schlimm. Bestreiche den Kohlstrudel nun noch mit dem übrigen Ei und backe ihn im vorgeheizten Backofen 30 Minuten/ 170°C Umluft.

SÜSSES
& GETRÄNKE

4 Portionen

25 Min.

mittel

QUARKMANDELAUFLAUF
MIT GOJI-BEEREN

Zubereitungszeit: 5 Minuten
Backzeit: 20 Minuten,
170°C Ober-/Unterhitze
Utensilien: Kastenform
Zutaten für 4 Portionen

3 Eier, Größe M
40 g Mandeln, ungeschält
50 g Kokosblütenzucker
Mark von 1 Vanilleschote
250 g Magerquark
30 g Goji-Beeren
50 g Mandeldrink, alternativ Sojadrink
30 g Maisstärke
1 EL Abrieb von 1 Bio-Zitrone, unbehandelt
Fett für die Form

Warm als Mittagessen, als Dessert oder „Kuchen" zum Kaffee oder auch kalt ist der Quarkmandelauflauf eine wohlschmeckende Alternative.

1. Heize den Backofen auf 170°C Ober-/Unterhitze vor und fette die Kastenform ein.

2. Trenne die Eier, stelle das Eigelb beiseite und schlage das Eiweiß mit eingesetztem Schmetterling im Mixtopf 4 Minuten/ Stufe 3 zu Eischnee. Entferne den Schmetterling, fülle den Eischnee in eine separate Schüssel und stelle ihn in den Kühlschrank.

3. Zerhacke nun die Mandeln im Mixtopf 5 Sekunden/ Stufe 6 zu Mandelgrieß, fülle ihn ebenfalls in ein separates Schälchen und stelle es beiseite.

4. Setze den Schmetterling wieder in den Mixtopf ein und gib Eigelb und Kokosblütenzucker hinzu. Kratze mithilfe eines Löffels das Vanillemark aus der Vanilleschote und rühre das Eigelb 60 Sekunden/ Stufe 3 schaumig auf.

5. Entferne den Schmetterling und gib den Mandelgrieß zusammen mit Magerquark, Goji-Beeren, Mandeldrink, Maisstärke sowie Zitronenabrieb in den Mixtopf dazu und vermische alle Zutaten 30 Sekunden/ Teigknetstufe.

6. Füge den Eischnee hinzu, hebe ihn 20 Sekunden/ Linkslauf/ Stufe 3 unter den Quarkteig und fülle anschließend die ganze Masse in die gefettete Kastenform. Backe den Quarkauflauf im vorgeheizten Backofen 20 Minuten/ 170°C Ober-/Unterhitze.

4 Portionen

15 Min.

leicht

CHIAPUDDING
MIT BIRNENKOMPOTT

Zubereitungszeit: 15 Minuten
Utensilien: Weckglas à 400 ml
Zutaten für 4 Portionen

300 g Mandeldrink, ungesüßt
35 g Chia-Samen
1 TL Vanille-Erythrit, s. mixtipp S. 104
⅔ TL Zimt
500 g Birnen, entkernt, in groben Stücken
50 g Kokosblütenzucker
4 Nelken
Saft von ½ Bio-Zitrone
250 g Wasser

Da die Chia-Samen quellen müssen, bereite den Pudding mit Chia am besten immer einen Tag vorher zu, um ein optimales Ergebnis in Geschmack und Konsistenz zu bekommen. Du kannst den Pudding mit Kompott in einem großen Weckglas servieren, was auch optisch einen tollen Eindruck macht. Du kannst das Dessert aber natürlich auch in zwei Schüsseln servieren und jeder nimmt sich von beidem nach Belieben in sein Dessertschälchen.

1. Vermische in einem großen Weckglas sehr gut den Mandeldrink mit den Chia-Samen, dem Vanille-Erythrit und ⅓ TL Zimtpulver und stelle die Mischung in den Kühlschrank.

2. Entkerne die Birnen und gib sie in groben Stücken mit Kokosblütenzucker, Nelken, Zitronensaft, ⅓ TL Zimtpulver und Wasser in den Mixtopf und koche die Zutaten 10 Minuten/ 90°C/ Linkslauf/ Stufe 1. Lass das Kompott anschließend abkühlen.

3. Gib das Birnenkompott erst vorsichtig auf den Pudding, wenn er schon leicht fest wird, wenn nötig also erst am nächsten Morgen.

4 Portionen

12 h
2 Min.

leicht

GOJI-BLAUBEER-KOKOS-SMOOTHIE

Zubereitungszeit: 2 Minuten
Ruhezeit: 12 Stunden
Zutaten für 4 Portionen

- 30 g Goji-Beeren
- 100 g Blaubeeren, frisch, alternativ TK
- 400 g Kokosmilch, ungesüßt
- 30 g Agavendicksaft, alternativ Honig

Dieses einfache Rezept kannst du als Smoothie servieren oder auch in Eisförmchen füllen und ein ausgesprochen fruchtig-frisches und exotisches Eis daraus zaubern.

1. Lass die Goji-Beeren vor der Zubereitung 2 Stunden in etwas Wasser quellen. Gieße danach das Wasser ab und gib die Beeren in den Mixtopf.

2. Füge Blaubeeren, Kokosmilch und Agavendicksaft hinzu und püriere alle Zutaten 20 Sekunden/ Stufe 10.

3. Entweder servierst du die Mischung als Smoothie in Gläsern oder du füllst sie in Eisförmchen und lässt sie über Nacht einfrieren.

3-5 Gläser

15 Min.

leicht

ERDBEER-RHABARBER-MARMELADE

Zubereitungszeit: 15 Minuten
Utensilien: 3-5 Schraubgläser à 400 ml
Zutaten für 3–5 Gläser

350 g Erythrit
750 g Erdbeeren, geputzt, halbiert
250 g Rhabarber, geputzt, in groben Stücken
1 Päckchen Dr. Oetker Gelfix Super 3:1
15 g Vanille-Erythrit, s. mixtipp
50 g Kokosblütenzucker

Klassische Erdbeer-Rhabarber-Marmelade in einer sehr zuckerreduzierten Variante. Der feine Kokosblütenzucker gibt der Marmelade eine schöne Karamellnote. Bei Marmeladen und Sirups pulverisiere ich Erythrit in der Regel, um zu vermeiden, dass es kristallisiert.
Wenn du den Rhabarber vorbereitest, ziehe beim Kleinschneiden die „Fäden" ab.

1. Pulverisiere zuerst das Erythrit 20 Sekunden/ Stufe 10 und warte 2 Minuten, bevor du den Deckel öffnest.

2. Gib die geputzten und halbierten Erdbeeren mit dem geputzten und in grobe Stücke geschnittenen Rhabarber in den Mixtopf und zerkleinere die Zutaten 5 Sekunden/ Stufe 6.

3. Füge Gelierzucker, Vanille-Erythrit und Kokosblütenzucker hinzu und koche die Mischung 10 Minuten/ 100°C/ Linkslauf/ Stufe 1 auf.

4. Fülle anschließend die noch heiße Marmelade in saubere Schraubgläser und verschieße sie.

4 Portionen

5 Min.

leicht

APFEL-AVOCADO-GURKEN-SMOOTHIE
MIT BASILIKUM

Zubereitungszeit: 5 Minuten
Zutaten für 4 Portionen

- 1 Avocado, entkernt
- 1 mittelgroßer Apfel, entkernt, in groben Stücken
- 250 g Salatgurke, in groben Stücken
- 10 g Ingwer, geschält, in groben Stücken
- 12–15 Blätter Basilikum
- 500 g Sojadrink, ungesüßt
- Saft von 1 Bio-Zitrone
- Salz, nach Belieben
- Pfeffer, nach Belieben

Dieser ist ein ganz schneller, frischer und satt machender Smoothie aus einer interessanten Obst-Gemüse-Kombination. Er eignet sich ideal als Frühstück oder für den Hunger zwischendurch.

1. Halbiere die Avocado, entferne den Kern und kratze mit einem Esslöffel das Fruchtfleisch aus der Schale in den Mixtopf. Entkerne auch den Apfel und gib ihn wie auch die Gurke in Stücken in den Mixtopf dazu. Dann schälst du den Ingwer und gibst auch diesen in Stücken mit Basilikumblättern, Sojadrink und Zitronensaft in den Mixtopf hinzu. Verrühre nun alle Zutaten 20 Sekunden/ Stufe 10.

2. Wer mag, kann den Smoothie noch mit einer Prise Salz und Pfeffer abschmecken.

 4 Portionen |  2 Min. |  leicht

HIMBEER-CHIA-SMOOTHIE

Zubereitungszeit: 2 Minuten
Zutaten für 4 Portionen

½ Zitrone
200 g Himbeeren, frisch
400 g Mandeldrink, ungesüßt
40 g Chia-Samen
40 g Honig

So schmeckt der Frühsommer! Bereite dir ein schnelles, köstliches und nahrhaftes Frühstück.

mixtipp

Falls du einen „Shake" daraus zaubern möchtest, gib einfach ca. 5 Eiswürfel mit den Zutaten in den Mixtopf und zerkleinere alles 5 Sekunden länger.

Presse eine halbe Zitrone aus und gib den Saft mit Himbeeren, Mandeldrink, Chia-Samen und Honig zusammen in den Mixtopf. Zerkleinere alle Zutaten 10 Sekunden/ Stufe 10. Fertig ist der Smoothie!

BACKWAREN

1 Brot

2 h 10–20 Min.

mittel

DINKEL-KAMUT-KASTENBROT

Zubereitungszeit: 10 Minuten
Ruhezeit: 60 Minuten
Backzeit: 60–70 Minuten, 200°C Ober-/Unterhitze
Utensilien: Kastenform, 25 cm, Backpapier
Zutaten für 1 Brot

- 250 g Dinkelkörner
- 250 g Kamutkörner
- 1 Würfel Frischhefe
- 460 g Wasser
- 150 g Sonnenblumenkerne
- 10 g Apfelessig
- 5 g Brotgewürz, s. S. 25
- 5 g Salz
- 10 g Agavendicksaft oder Honig

Die wenigsten Bäcker oder gar Backshops bieten wirkliches Vollkornbrot an und schon gar nicht mit Kamut. Es sind meist Mischungen, die nur einen Anteil an Vollkornmehl haben. Um wirklich „cleanes" Brot zu genießen, backe es dir schnell und einfach selber.

1. Als Erstes zermahlst du den Dinkel im Mixtopf 1 Minute/ Stufe 10 zu Mehl und füllst es in eine große Schüssel um. Zerkleinere dann auch die Kamutkörner im Mixtopf 1 Minute/ Stufe 10 und fülle das Kamutmehl zu dem Dinkelmehl in die Schüssel.

2. Zerbrösele nun die Hefe in den Mixtopf und löse sie mit 10 g Wasser 2 Minuten/ 37°C/ Stufe 2 auf.

3. Gib dann die Mehlmischung, die Sonnenblumenkerne, den Apfelessig, das Brotgewürz, das Salz, den Agavendicksaft und die restlichen 450 g Wasser dazu und verrühre alle Zutaten 3 Minuten/ Teigknetstufe zu einem glatten Teig.

4. Schlage die Kastenform mit Backpapier aus oder fette sie gut ein. Verteile den Teig mithilfe des Spatels gleichmäßig in die Form, drücke den Teig an und lass ihn auf mittlerer Schiene im kalten Ofen gut 60 Minuten gehen.

5. Schalte jetzt den Backofen auf 200°C Ober-/Unterhitze ein und backe darin das Kastenbrot 60–70 Minuten. Teste nach 60 Minuten mit einem Holzstäbchen, ob das Brot schon durch ist. Klebt noch Teig am Stäbchen, lass das Brot weitere ca. 10 Minuten backen.

mixtipp
Um ein optimales Ergebnis zu erhalten, mahle nie mehr als 250 g einer Körnersorte zu Mehl. Du kannst je nach Lust und Laune die Sonnenblumenkerne auch durch Kürbiskerne, Haselnüsse, Walnüsse oder eine Mischung daraus ersetzen.

8–10 Brötchen

1 h 40 Min.

mittel

KAMUTBRÖTCHEN

Zubereitungszeit: 15 Minuten
Ruhezeit: 60 Minuten
Backzeit: 25 Minuten, 200°C Ober-/Unterhitze
Utensilien: Backblech und -papier
Zutaten für 8-10 Brötchen

- 500 g Kamutkörner
- 1 Würfel Frischhefe
- 10 g Wasser
- 20 g Alsan, in Stücken, alternativ Butter
- 350 g Buttermilch
- 10 g Salz
- 10 g Agavendicksaft, alternativ Honig
- Mohn- oder Sesamsamen zum Bestreuen, alternativ beides oder ein anderes Topping deiner Wahl

Aus den Zutaten kannst du ca. 10 köstliche Brötchen backen. Gib sie pur in den Ofen oder nach Gusto mit Mohn, Sesam, Meersalz oder auch Sonnenblumenkernen bestreut.
Die Kamutbrötchen eignen sich ideal, um eigene Burger zu kreieren.

1. Zermahle die Kamutkörner in zwei Arbeitsgängen von je 250 g Körnern im Mixtopf 1 Minute/ Stufe 10 zu Mehl und fülle das Mehl zusammen in eine Schüssel um.

2. Als Nächstes zerbröselst du die Hefe in den Mixtopf und löst diese mit dem Wasser 2 Minuten/ 37°C/ Stufe 2 auf.

3. Füge dann Alsan, Buttermilch, Salz und Agavendicksaft hinzu und erwärme die Mischung 5 Minuten/ 37°C/ Stufe 1.

4. Danach gibst du das Kamutmehl in den Mixtopf dazu und verarbeitest die Zutaten 2 Minuten/ Teigknetstufe zu einem glatten Teig. Fülle den Teig anschließend in eine Schüssel um und lass ihn darin zugedeckt 60 Minuten an einem warmen Ort ruhen. Decke ihn mit einem Handtuch ab, so ist der Teig vor Zugluft gut geschützt.

5. Nach der Ruhezeit heizt du den Backofen auf 200°C Ober-/Unterhitze vor und formst aus dem Teig 8–10 Brötchen. Verteile die Brötchen auf ein mit Backpapier ausgelegtes Backblech. Lege die Brötchen nicht zu dicht aneinander, da sie etwas aufgehen und bestreue sie nach Gusto mit einem Topping deiner Wahl oder lass sie pur. Backe die Brötchen dann im vorgeheizten Backofen 25 Minuten/ 200°C Ober-/Unterhitze aus. Prüfe nach der Backzeit mit einem Holzstäbchen, ob die Brötchen durchgebacken sind. Falls noch Teig am Stäbchen haften bleibt, verlängere die Backzeit um einige Minuten.

mixtipp
Stelle ein feuerfestes Schälchen mit Wasser befüllt beim Backen in den Ofen, dadurch werden die Brötchen knuspriger.

1 Brot

2 h
30 Min.

mittel

KÜRBISBROT

Zubereitungszeit: 1 Stunde
Ruhezeit: 30 Minuten
Backzeit: 15 Minuten, 200°C Ober-/Unterhitze, 45 Minuten, 160°C Ober-/Unterhitze
Utensilien: Kastenform, 30 cm, Backpapier
Zutaten für 1 Brot

- 300 g Dinkelkörner
- 600 g Emmerkörner
- 500 g Kürbisfleisch, in groben Stücken
- 60 g Wasser
- 1 Würfel Frischhefe
- 15 g Salz
- 100 g Maisstärke
- 2 Eier, Größe M
- 150 g Buttermilch
- 120 g Sojadrink, alternativ Mandeldrink
- 50 g Rapsöl
- 30 g Honig
- 1 Prise Muskat
- Kürbiskerne zum Garnieren

Kürbisbrot ist sehr saftig und passt gut zu Marmelade genauso wie zu herzhaften Belägen. Du kannst es frisch aufschneiden, einfrieren, toasten oder auch hervorragend als Basis für Käsetoast verwenden. Im Kühlschrank hält sich das Kürbisbrot über eine Woche. Die Zutaten ergeben ein recht großes Brot und passen gerade in den Mixtopf vom TM 5, falls du einen TM 31 nutzt, reduziere alle Zutaten außer den Eiern um ein Drittel!

1. Füge die Körner zusammen in eine Schüssel und mahle diese in 4 Schritten à jeweils ca. 225 g im Mixtopf 1 Minute/ Stufe 10 zu Mehl. Gib das Mehl nach jedem Mahlvorgang zusammen in eine große Schüssel.

2. Wasche nun den Kürbis, befreie ihn von den Kernen und gib ihn in groben Stücken in den Mixtopf. Zerkleinere die Kürbisstücke 15 Sekunden/ Stufe 5. Schiebe die Stücke mit dem Spatel nach unten, füge 50 g Wasser hinzu und koche diese 15 Minuten/ 100°C/ Stufe 1 weich. Lass die Kürbismasse auf unter 50°C abkühlen und fülle sie in eine separate Schale.

3. Zerbrösele nun die Hefe in den Mixtopf und löse sie mit 10 g Wasser im Mixtopf 2 Minuten/ 37°C/ Stufe 2 auf.

4. Als Nächstes gibst du Kürbismasse, Mehlmischung, Salz, Maisstärke, Eier, Buttermilch, Sojadrink, Rapsöl, Honig und Muskat hinzu und vermischst alle Zutaten 8 Minuten/ Teigknetstufe zu einem Teig.

5. Lege die Kastenform mit Backpapier aus und verteile den Teig gleichmäßig darin. Lass den Teig zugedeckt an einem warmen Ort 30 Minuten gehen und heize den Backofen auf 200°C Ober-/Unterhitze vor.

6. Nach der Ruhezeit bestreichst du das Brot mit etwas Wasser und garnierst es mit Kürbiskernen. Backe es anschließend im vorgeheizten Backofen 60 Minuten/ 200°C Ober-/Unterhitze, wobei du nach 15 Minuten Backzeit den Backofen auf 160°C Ober-/ Unterhitze zurückstellst. Prüfe nach der Backzeit mit einem Stäbchen, ob das Brot durch ist. Wenn noch Teigreste am Stäbchen haften bleiben, verlängere die Backzeit um ein paar Minuten.

12 Brötchen

35–40 Min.

leicht

KÄSEBRÖTCHEN

Zubereitungszeit: 10 Minuten
Backzeit: 25–30 Minuten, 180°C Umluft
Utensilien: Backblech und -papier
Zutaten für 12 Brötchen

200 g Cheddar, in Stücken
20 g Leinsaat
120 g Magerquark
60 g Hüttenkäse
60 g Flohsamenschalen
30 g Chia-Samen
2 Eier, Größe M
2 TL Weinsteinbackpulver
5 g Salz

Aus diesen Zutaten zauberst du 12 pikante, kalziumreiche und sehr kohlenhydratarme Käsebrötchen. Sie passen gut zum Abendbrot, zu jeder Party und sind ein prima Snack für unterwegs.

1. Zerkleinere als Erstes den Cheddar im Mixtopf 10 Sekunden/ Stufe 8 und fülle ihn in ein Schälchen um.

2. Schrote nun die Leinsaat im Mixtopf 20 Sekunden/ Stufe 8.

3. Heize währenddessen den Backofen auf 180°C Umluft vor und lege ein Backblech mit Backpapier aus.

4. Füge als Nächstes Magerquark, Hüttenkäse, Flohsamenschalen, Chia-Samen, Eier, Backpulver und Salz in den Mixtopf hinzu und verarbeite die Zutaten 2 Minuten/ Teigknetstufe zu einem Teig.

5. Forme aus dem Teig 12 Brötchen und verteile diese auf das vorbereitete Backblech. Lass jeweils etwas Raum zwischen den Brötchen, da sie beim Backen ein wenig aufgehen.

6. Jetzt bestreust du nur noch alle Brötchen mit dem Cheddar und backst diese im vorgeheizten Backofen 25–30 Minuten/ 180°C Umluft goldbraun.

ca. 20 Stück

1 h 50 Minuten

leicht

POWER-COOKIES

Zubereitungszeit: 10 Minuten
Ruhezeit: 80 Minuten
Backzeit: 20 Minuten, 180°C Umluft
Utensilien: Backblech und -papier
Zutaten für ca. 20 Stück

- 20 g Goji-Beeren
- 2 Bananen, geschält, in groben Stücken
- 15 g Amaranth
- 50 g Haselnusskerne
- 30 g Sonnenblumenkerne
- 20 g Leinsaat
- 25 g Rosinen
- 20 g Sesam
- 2 Eier, Größe M
- 100 g Haferflocken
- 10 g Bio-Backkakao

Diese krossen und knackigen Cookies sind ein ideales Frühstückchen oder ein kleiner Energieschub, wenn du mal Power gebrauchen kannst. Sie halten gut eine Woche im Kühlschrank.

1. Weiche die Goji-Beeren 30 Minuten vor der Zubereitung in etwas lauwarmem Wasser ein und siebe sie anschließend ab.

2. Schäle dann die Bananen und gib diese in Stücken mit den aufgeweichten Goji-Beeren, Amaranth, Haselnusskernen, Sonnenblumenkernen, Leinsaat, Rosinen und Sesam in den Mixtopf. Zerkleinere die Zutaten 7 Sekunden/ Stufe 6 und schiebe die Reste mit dem Spatel nach unten.

3. Füge als Nächstes Eier, Haferflocken und Kakao hinzu und vermische den Power-Cookie-Teig nun 1 Minute/ Teigknetstufe.

4. Heize den Backofen auf 180°C Umluft vor und lege ein Backblech mit Backpapier aus.

5. Auf einer bemehlten Arbeitsfläche rollst du den Teig etwa 1 cm dick aus und stichst am besten mithilfe einer kleinen runden Ausstechform von ca. 5 cm Durchmesser die Kekse aus. Verteile die Cookies nach und nach auf das vorbereitete Backblech. Du kannst natürlich auch den Teig mit einem Löffel klecksweise auf das Blech geben und zu Talern drücken.

6. Ab mit den Keksen in den vorgeheizten Backofen und nach 20 Minuten/ 180°C Umluft sind deine Power-Cookies fertig.

mixtipp
Du kannst auch anstatt Haferflocken Dinkelflocken verwenden.

1 Kuchen

45–50 Min.

mittel

MUTTIS MOHNKUCHEN

Zubereitungszeit: 15 Minuten
Backzeit: 30–35 Minuten, 180°C Ober-/Unterhitze
Utensilien: kleine Spring- oder Tarteform, ø 20 cm, Backpapier
Zutaten für 1 Kuchen

- 4 Eier, Größe M
- 100 g Erythrit
- 100 g Alsan, in Stücken, alternativ Butter
- 125 g Mohn, unverarbeitet
- 25 g Dinkelvollkornmehl
- 1 TL Weinsteinbackpulver
- 25 g Honig

Das Mohnkuchen-Rezept stammt ursprünglich von meiner Mutter, die uns diesen gerne als Dessertkuchen serviert. Die Stücke sind nicht zu groß und erfreuen den Gaumen auch nach dem Sonntagsessen.

1. Zuerst trennst du die Eier. Setze den Schmetterling in den Mixtopf ein und schlage darin das Eiweiß 4 Minuten/ Stufe 4 zu einem festen Eischnee auf. Nimm den Schmetterling ab und fülle den Eischnee in eine Schüssel um.

2. Rühre nun Erythrit und Alsan im Mixtopf 3 Minuten/ 37°C/ Stufe 3 schaumig und fülle die Mischung in ein separates Schälchen um.

3. Als Nächstes mahlst du den Mohn im Mixtopf 1 Minute/ Stufe 9 fein.

4. Füge nun Eigelb, Mehl, Weinsteinbackpulver und Honig hinzu und vermische die Zutaten 30 Sekunden/ Teigknetstufe.

5. Heize den Backofen auf 180°C Ober-/Unterhitze vor und lege die Backform mit Backpapier aus. Falls du kein Backpapier hast, kannst du die Form einfach sehr gut einfetten.

6. Danach gibst du den Eischnee in den Mixtopf dazu und rührst ihn 20 Sekunden/ Linkslauf/ Stufe 3 unter.

7. Verteile den Teig danach gleichmäßig in der Form und backe den Kuchen im vorgeheizten Backofen 30–35 Minuten/ 180°C Ober-/Unterhitze. Prüfe nach der Backzeit mit einem Holzstäbchen, ob der Mohnkuchen schon durch ist und verlängere gegebenenfalls die Backzeit um ein paar Minuten. Wenn du magst, kannst du den Kuchen nach dem Abkühlen noch mit Puderzucker aus Erythrit bestäuben.

1 Backblech

20 Min.

leicht

MANDEL-SHORTBREADS

Zubereitungszeit: 5 Minuten
Backzeit: 15 Minuten, 160°C Ober-/Unterhitze
Utensilien: Backblech und -papier
Zutaten für 1 Backblech

Mark von 1 Vanilleschote
120 g Mandelmehl
100 g Alsan, alternativ Butter
60 g Kokosblütenzucker
1 Prise Salz

Das traditionelle britische Gebäck kann in zwei Formen gebacken werden. Entweder schneidest du den Teig nach dem Ausrollen in „Shortbread Fingers" (ca. 6 x 2 cm) oder stichst „Shortbread Rounds" mit ca. 5 cm ø aus. Ich verzichte in meiner Clean Eating-Version auf Mehl, welches ich durch Mandelmehl ersetze.

1. Heize den Backofen auf 160°C Ober-/Unterhitze vor.

2. Kratze die Vanilleschote mithilfe eines Löffels aus und gib das Vanillemark mit Mandelmehl, Alsan und Kokosblütenzucker in den Mixtopf. Vermische alle Zutaten 3 Minuten/ 37°C/ Stufe 1.

3. Rolle den Teig ca. 1,5 cm dick aus und stich ihn wie gewünscht in Taler oder Finger aus.

4. Lege die Shortbreads nun auf ein mit Backpapier belegtes Backblech. Backe diese im vorgeheizten Backofen 15 Minuten/ 160°C Ober-/Unterhitze. Sie sollten nicht zu braun werden.

5. Wichtig ist, dass die Shortbreads gut abkühlen, bevor du sie vom Blech nimmst, da sie sonst leicht zerbröseln.

4 Portionen

15 Min.

leicht

BUCHWEIZEN-APFEL-WAFFELN

Zubereitungszeit: 15 Minuten
Utensilien: Waffeleisen
Zutaten für 4 Portionen

1 Apfel, entkernt, in groben Stücken
150 g Alsan, alternativ Butter
80 g Erythrit
2 Eier, Größe M
250 g Buchweizenmehl
5 g Weinsteinbackpulver
250 g Mandeldrink
Rapsöl zum Backen

Die Buchweizen-Apfel-Waffeln sind vielseitig nutzbar, als „Gebäck" zur Kaffeetafel, als Nachtisch oder auch zum Mitnehmen als Proviant. Du kannst sie pur genießen oder mit Marmelade, Kompott oder auch Puderzucker aus Erythrit verfeinern.

1. Entkerne den Apfel, schneide ihn in grobe Stücke und zerkleinere ihn mit der Schale im Mixtopf 5 Sekunden/ Stufe 5. Schiebe die Stücke mit dem Spatel nach unten.

2. Gib Alsan dazu und schmelze sie 3 Minuten/ 50°C/ Stufe 1.

3. Füge Erythrit, Eier, Buchweizenmehl, Weinsteinbackpulver und Mandeldrink hinzu und verrühre die Zutaten nun 25 Sekunden/ Stufe 5 zu einem Teig.

4. Heize das Waffeleisen vor, bestreiche es mit etwas Rapsöl und backe die Waffeln goldbraun aus.

12 Stück

25 Min.

leicht

BANANEN-CHIA-ZITRONEN-MUFFINS

Zubereitungszeit: 5 Minuten
Backzeit: 20 Minuten, 200°C Ober-/Unterhitze
Utensilien: Muffinbackform oder 12 Papierförmchen
Zutaten für 12 Stück

- 150 g Dinkelkörner
- 2 reife Bananen, geschält, in groben Stücken
- 80 g Haselnüsse
- 1 Vanilleschote
- 1 Bio-Zitrone
- 30 g Chia-Samen
- 5 g Weinsteinbackpulver
- 75 g Rapsöl
- 180 g Sojajoghurt, alternativ Naturjoghurt
- 50 g Zuckerrübensirup, alternativ Honig
- 1 Prise Salz

Die Bananen-Chia-Zitronen-Muffins sind süß, aber nicht zu süß und wahre Kraftpakete aus gesunden Zutaten. Das Kalium aus den Bananen, kombiniert mit den Omega-3-Fettsäuren der Nüsse, das Vitamin C der Zitrone und die Antioxidantien der Chia-Samen machen aus diesen Muffins nicht nur kleine Kuchen, sondern sind auch gut für das ganze Herz-Kreislauf-System.

1. Heize den Backofen auf 200°C Ober-/Unterhitze vor und fette die Muffinbackform ein.

2. Zermahle die Dinkelkörner im Mixtopf 1 Minute/ Stufe 10 zu Dinkelmehl.

3. Schäle die Bananen und gib sie in groben Stücken mit den Nüssen zum Mehl in den Mixtopf. Mische die Zutaten 8 Sekunden/ Stufe 7 unter.

4. Kratze mithilfe eines Löffels die Vanilleschote aus und gib das Mark in den Mixtopf. Reibe mit einer feinen Reibe die Schale der Zitrone in den Mixtopf und presse anschließend auch den Saft aus der Zitrone und gib ihn hinzu. Füge auch Chia-Samen, Weinsteinbackpulver, Rapsöl, Sojajoghurt, Zuckerrübensirup und Salz in den Mixtopf hinzu und knete die Zutaten 3 Minuten/ Teigknetstufe.

5. Verteile den Teig gleichmäßig in die 12 eingeölten Vertiefungen der Muffinbackform oder in die 12 Förmchen und drücke ihn mit einem Esslöffel vorsichtig an. Backe die Muffins im vorgeheizten Backofen 20 Minuten/ 200°C Ober-Unterhitze goldbraun.